Le Père Jean

Abbé de Fontfroide

Fuit homo missus à Deo cui nomen erat Joannes.

(Joan., I, 6.)

TOULOUSE

LIBRAIRIE ÉDOUARD PRIVAT

45, Rue des Tourneurs.

1896

LE PÈRE JEAN

LE PÈRE JEAN

(D'après sa dernière photographie.)

Le Père Jean

Abbé de Fontfroide

Fuit homo missus à Deo cui
nomen erat Joannes.
(JOAN, I, 6.)

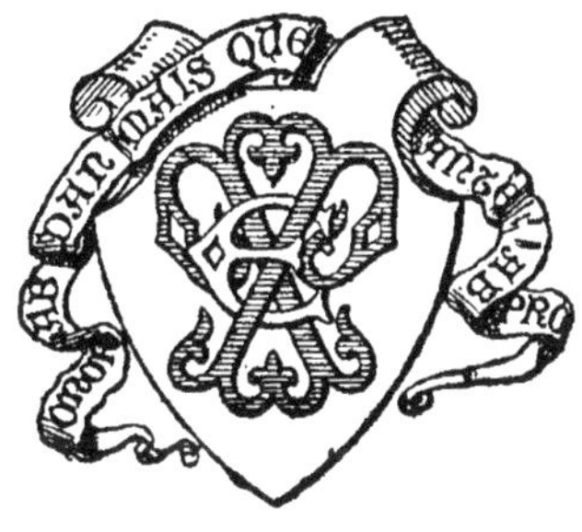

TOULOUSE
LIBRAIRIE ÉDOUARD PRIVAT
45, Rue des Tourneurs.

1896

INTRODUCTION

Le Père Jean, notre père à tous, vient de retourner à Dieu ; mais, selon le mot de l'Écriture, sa mémoire demeure parmi ceux qui l'ont connu, douce comme le miel sur toutes les lèvres, fortifiante comme le vin dans tous les cœurs.

Il y a trente-sept ans passés, le saint dont nous pleurons la perte était venu cacher dans nos montagnes une vie qu'il croyait à jamais vouée à l'oubli. Mais il n'entrait pas dans les desseins de Dieu de tenir sous le boisseau le flambeau qui devait répandre sur notre France méridionale tant d'éblouissantes clartés. Il lui plut de manifester sans retard le trésor dont il venait d'enrichir la contrée.

Le bruit se répandit bientôt qu'il y avait, dans le désert de Fontfroide, un *homme envoyé de Dieu dont le nom était Jean*, et que cet homme, comme autrefois Jean-Baptiste, était venu pour rendre témoignage par ses œuvres et ses paroles, par l'atmosphère de sainteté qu'il répandait autour de sa personne, à la divine lumière de la vérité, afin que dans un pays, où on la croyait éteinte, la foi se rallumât par son entremise au fond des cœurs les plus refroidis. Il se forma dès ce moment vers l'abbaye de Fontfroide un courant sans cesse grossissant de consciences à éclairer, de courages à raffermir, de misères à soulager, de blessures à refermer, de larmes à tarir, de désespérances à consoler, de vies entières à refaire.

Bientôt cette voix qui criait dans le désert devint si puissante, qu'elle franchit les limites de la région où s'exerçait l'influence du monastère. Ni les chaînes de montagnes, ni les océans que Dieu a donnés pour barrières à la France ne purent la contenir : la direction ferme et douce du Père Jean rayonna sur les pays étrangers.

Prêtres et laïques, religieux de tous ordres, croyants et incroyants vinrent pendant de longues années puiser aux sources vives de sa doctrine et de son expérience, sans que le bon Père se lassât de les prodiguer.

Un jour cependant on apprend que la mort a frappé sur lui son premier coup et que la souffrance est devenue son hôte. La pieuse avidité des visiteurs ne peut d'abord se résoudre à se retirer inassouvie ; le Père Jean doit se traîner bien des fois encore à l'hôtellerie ; mais bientôt cette consolation lui est refusée. La vénération attendrie des innombrables amis ou enfants spirituels du saint Abbé le suit dans cette humble cellule où l'héroïque vieillard termine dans un inexprimable martyre sa vie toute de sacrifice et d'apostolat. Puis un grand silence se fait par degrés autour de cette immense douleur. Seuls, les intimes pénètrent quelquefois dans ce sanctuaire de l'immolation et viennent demander à genoux une bénédiction rapide : il semble

que sa séparation du reste des hommes, sa fin antici-
pée aient dû le faire oublier de tous ceux qui ne l'ap-
prochent pas ; mais il n'en est rien.

Voici que, le 13 novembre, se répand comme une
traînée de poudre la douloureuse nouvelle de sa mort.
Aussitôt le commerce chôme, les ateliers se ferment,
d'interminables files de voitures et de piétons sillon-
nent la route de l'antique abbaye. On veut voir une
dernière fois les traits vénérés du saint homme, on se
dispute les lambeaux de ses vêtements, on fait toucher à sa dépouille sacrée des chapelets, des médailles,
des branches même d'olivier.

Le jour des funérailles arrive. Quel triomphe ! Un
peuple entier se presse dans l'église trop étroite du
monastère, se répand sur les montagnes et grossit de
minute en minute. C'est, en plein dix-neuvième siècle,
l'apothéose, la canonisation populaire d'un saint. Le
corps est déposé dans son humble caveau. Tout est
fini? Non, les fleurs dont la tombe est jonchée sont
aussitôt enlevées par des mains saintement avides.
Tous les jours de nouveaux pèlerins viennent ployer
les genoux dans le pauvre cimetière du couvent, et
déjà la grande voix de la multitude s'élève, comme
aux jours de foi, pour demander à l'Église qu'elle
instruise elle-même le procès d'une si merveilleuse
vie.

C'est l'âme encore toute imprégnée de la suave et
fortifiante odeur de sainteté respirée sur cette tombe
que nous écrivons ces lignes. Nous ne publions pas
aujourd'hui l'histoire détaillée du Père Jean. Un jour
viendra peut-être où il nous sera donné de l'entrepren-
dre. Ceci n'est qu'une biographie populaire ; nous vou-

lons saisir, avant qu'ils ne nous échappent, les traits saillants d'une physionomie si grande, si douce et si pure, fixer dans la mémoire de tous le souvenir d'une existence qui laisse parmi nous d'impérissables regrets.

Narbonne, 14 décembre 1895.

E. C.

LE PÈRE JEAN

I.

PREMIÈRES ANNÉES.

Au cœur des âpres montagnes des Cé-
vennes, non loin du pic de l'Aigoual, où
l'Hérault prend sa source, se déploie,
sur les pentes des garrigues, un petit
village qui n'a pas d'histoire. C'est Valbonne, l'un des douze qui forment la
commune de Saint-André-de-Magen-
coule, dans le canton de Valleraugue,
à vingt kilomètres environ du Vigan.

C'est là que vivaient au commencement de ce siècle deux âmes d'élite qui, au sortir des orages de la grande Révolution, avaient fondé un foyer où Dieu occupait la première place. François Léonard et Anne Bousquet n'étaient pas riches des biens de ce monde; mais ils possédaient un trésor qu'ils ne partageaient en ces temps difficiles qu'avec un petit nombre de privilégiés, cette foi vive qui fait le véritable bonheur de la vie présente et prépare l'éternelle félicité.

Cinq enfants étaient déjà venus se ranger autour de la table commune, lorsque, le 15 juillet 1815, naquit le sixième et avant-dernier de tous, Louis, que la Providence appelait à jouer un si grand rôle dans l'histoire intime du Narbonnais.

Louis respira de bonne heure la vivifiante atmosphère de la famille chrétienne. Le pays dans lequel il grandissait avait du reste conservé dans leur

splendeur première, grâce à l'antago-
nisme religieux des catholiques et des
protestants, l'intégrité de la Foi et
l'austérité des mœurs. L'enfant dut à ce
concours de circonstances le bonheur de
passer dans une grande pureté sa première jeunesse ; Dieu avait d'ailleurs
déposé dans cette âme qu'il voulait
sienne une irrésistible passion pour la
prière. On eût dit qu'il voulait prévenir
ou compléter lui-même les leçons qu'une
mère saintement aimante s'efforçait d'inculquer à l'intelligence et au cœur de
son fils.

Vers l'âge de onze ans il reçut pour
la première fois la visite de son Dieu
dans la sainte communion. Dès cette
époque, sa vie, si réglée déjà, devient
plus sévère encore. C'est qu'il a entrevu
l'avenir que Dieu lui réserve ; il a senti
au fond de son âme l'appel divin, et il
se prépare à le suivre. Il aborde un jour
ses vieux parents et leur demande la

faveur de se livrer aux études ecclésiastiques. François Léonard et Anne
Bousquet étaient chrétiens avant tout ;
ils obéirent à cette inspiration qu'ils
sentaient venir du ciel. Quatre ans plus
tard, Louis, muni d'un petit bagage
scientifique et littéraire, allait frapper
à la porte du petit séminaire de Beaucaire.

II.

BEAUCAIRE ET SOMMIÈRES. — L'ÉTUDIANT
ET LE PROFESSEUR.

On était en 1831, au lendemain de
cette révolution de juillet, qui venait
pour la sixième fois depuis le commencement du siècle de changer la Consti-
tution de la France. Le programme des
études classiques ne s'était guère modi-
fié avec le changement de régime. L'éco-
lier pouvait tout à son aise, après avoir
passé dans sa famille une première en-
fance robuste et saine, commencer, vers
quinze ou seize ans, à parcourir le cercle de ses études littéraires, pourvu
toutefois qu'il eût un certain acquis
grammatical.

Louis venait d'accomplir sa seizième

année lorsqu'il se présenta, en octobre 1831, comme élève de troisième au petit séminaire de Beaucaire. Il était sérieux, appliqué ; son intelligence ouverte et réfléchie était servie par un travail énergique, opiniâtre, consciencieux. L'amour du devoir décuplait ses forces. Aussi n'avons-nous pas à nous étonner si nous le voyons couronner par d'éclatants succès ses classes de littérature.

L'heure était venue de prendre, au sujet de sa vocation, une décision définitive. Louis était généreux autant que rigide à la règle. Sa piété tendre et solide s'alliait à une certaine exubérance de nature que l'on rencontre encore souvent dans notre France méridionale. Il sentait un besoin intense de se dévouer. Jetant une dernière fois sur le monde un regard scrutateur, il vit qu'à cette société, relevée d'hier de ses ruines morales, il fallait des prêtres, des apôtres. L'Église de France commençait à refleurir; mais ses membres étaient loin de suffire au travail. Le jeune homme l'eut bientôt compris. Fidèle à ses premières inspirations, il se rendit à Nîmes pour s'y préparer au sacerdoce.

Le grand séminaire fut pour lui comme un noviciat. Durant ces cinq années de préparation, l'énergie de sa volonté et les impulsions de la grâce, auxquelles il prit de bonne heure l'habitude de ne résister jamais, émondèrent et pondérèrent cette nature d'élite. A la netteté de ses conceptions, à la droiture et à la simplicité de son caractère, à sa passion de dévouement on pouvait augurer ce qu'il serait plus tard.

Du reste, l'abbé Léonard ne se distinguait pas moins, pendant ses études théologiques, par la sagacité de son esprit et la sûreté de son jugement que par la régularité de sa conduite. Ses maîtres en ont rendu à l'envi témoignage. Ce n'était pas seulement un élève studieux et édifiant, c'était un de ces caractères trempés qui font les saints ou les héros.

A l'âge de vingt-trois ans il terminait ses cours de théologie; mais, selon les canons du concile de Trente, une année encore le séparait de la prêtrise. N'étant que diacre, il fut rappelé au petit séminaire de Beaucaire pour y professer la classe de septième. C'était un bien humble commencement; mais le saint professeur était au comble de ses désirs. Ne pouvait-il pas à son gré façonner au bien ces âmes d'enfants auxquelles il voua toute sa vie un si tendre attachement?

Cependant les vacances étaient arrivées. Les écoliers s'envolèrent, joyeux, vers leurs familles. L'abbé Léonard passa quelques jours à Valbonne, puis il regagna sa cellule du grand séminaire pour se mieux préparer, dans le silence de sa retraite, à recevoir l'onction sainte.

Il fut élevé à la prêtrise, en décembre 1839, par Mgr Car, évêque de Nîmes.

Le jeune prêtre ne jouit pas longtemps en repos des premières effusions de son âme sacerdotale avec Jésus-Christ. On avait eu le temps d'apprécier à Beaucaire son zèle et son talent. Dès les premiers jours de 1840 il dut reprendre le chemin du petit Séminaire. Il y fut nommé professeur de mathématiques. Les six années qu'il y passa furent fécondes pour ses élèves. L'abbé Léonard savait pratiquement que le rôle du maître ne doit pas se borner à instruire l'élève dans les sciences humaines, mais parce qu'il tient la place des parents et la place de Dieu, il doit développer dans l'âme de l'enfant les vertus morales et religieuses qui en feront un homme et un chrétien. Détourner l'enfant de ses devoirs est un sacrilège ; ne pas les lui faire connaître et les lui inculquer, c'est une coupable négligence. Le jeune régent était imbu de ces maximes, et il le montra.

Simple professeur, l'ascendant de son exemple, la maturité de ses conseils, sa bienfaisante influence, l'estime et l'affection que lui vouèrent bientôt maîtres et élèves l'avaient déjà fait considérer à l'égal d'un supérieur, lorsque l'administration diocésaine, répondant aux vœux unanimes qui lui avaient été exprimés, l'appela, en 1846, à la direction du collège ecclésiastique de Sommières.

Cette maison, à peine fondée, manquait encore d'organisation. On ne crut pas mieux faire que d'en confier l'avenir à l'homme providentiel que l'on avait sous la main.

III.

SOMMIÈRES.

L'abbé Léonard avait trente ans ré-
volus lorsqu'il chargea sur ses épaules
le fardeau toujours un peu lourd de la
supériorité. Il en porta le poids pendant
dix ans, jusqu'au mois d'août 1856 ;
mais à ce poids déjà considérable s'a-
joutèrent d'autres charges encore. Il fut
non seulement le supérieur, mais encore
le préfet des classes et l'économe, c'est-
à-dire la main, la tête et le cœur du
nouvel établissement. Il sut ajouter à
ces occupations absorbantes l'apostolat
du ministère extérieur, sans que jamais
l'ordre et la bonne administration du
collège souffrît de ses travaux au dehors.

Professeur, il avait su se concilier

tous les cœurs; supérieur, la simplicité de ses manières, l'austérité de son caractère, la facilité de ses rapports avec ses subordonnés, son admirable et si rare talent de combler les distances lui gagnèrent si bien les sympathies du personnel, que ses collaborateurs, sans se départir des règles du respect, ne cessèrent jamais de voir en lui le confrère et l'ami.

Ce fut d'ailleurs l'époque de sa vie qu'il aima toujours à rappeler avec le plus de satisfaction et, jusque dans son extrême vieillesse, si les hasards de la conversation venaient à en faire revivre la mémoire, Beaucaire et Sommières n'apparaissent jamais dans ses lointains souvenirs sans mettre sur ses lèvres un sourire de complaisance, et dans ses yeux un rayon de bonheur.

Mais il est rare que les joies les plus légitimes de ce monde soient de longue durée. Quand les événements naturels les respectent, Dieu se plaît, semble-t-il, à intervenir lui-même pour les briser; il veut nous rappeler que nous ne sommes ici-bas que des voyageurs, et que nous ne devons pas attacher nos affections à des êtres qui passent, au préjudice de notre salut. Si cette maxime est véritable pour tous les hommes, elle paraît plus particulièrement vraie pour les fidèles, plus encore pour des prêtres voués au salut des âmes. L'abbé Léonard allait bientôt l'expérimenter.

IV.

VOCATION RELIGIEUSE.

Nous trouvons dans une des esquisses biographiques, écrites après la mort du Père Jean, les détails suivants sur sa vocation :

« Parmi les âmes d'élite que Dieu appelle à la pratique héroïque des conseils évangéliques, il en est qui semblent, en quelque sorte, porter avec elles le signe de l'élection. Comme Samuel, elles entendent, dès le bas âge, la voix de Dieu qui les appelle, et cette voix, qui toujours se fait entendre au cours de leur pèlerinage ici-bas, qui sans cesse leur parle au cœur, finit, un jour ou l'autre, par être décisive. Ils suivent docilement l'attrait souverain de la grâce ; et, comme

un vaisseau qui se laisse aller au gré
d'un vent protecteur, ils arrivent devant
l'Église qui les reçoit, et aux pieds du
Christ qui les bénit, poussés par une
force secrète qui dirige leur jeunesse
dans un cours non troublé, sur l'autel
du sacrifice.

« Telle ne fut pas la voie dont Dieu
se servit pour arracher au monde l'abbé
Léonard et le faire monter aux sommets
de la perfection évangélique.

« Il était heureux dans sa maison de
Sommières, son cœur ne demandait pas
autre chose que de continuer à servir
Dieu dans l'enseignement ; et s'il est
vrai que sa vocation sacerdotale se soit
accusée dès son bas-âge, il faut bien re-
connaître aussi que jamais, comme il l'a
dit bien souvent, il n'avait songé à se
faire religieux.

« Mais le goût, l'attrait, l'obéissance
longtemps réfléchie à de longs appels,
ne sont pas toujours le moyen dont

Dieu se sert pour peupler les solitudes de ses cloîtres.

« Il est des âmes, en effet, qui, comme le dit saint Jérôme, ne trouvent leur chemin qu'après bien des circuits, même dans le bien, et qui passent du monde au couvent comme des arbres que Dieu transplante brusquement d'un champ dans un autre. Jetés comme épreuve ou comme préparation, ou simplement par les événements, loin de leur voie, il faut l'une de ces illuminations soudaines ou l'un de ces coups d'autorité qui éclairent subitement ces âmes et dont Dieu seul a le secret.

« L'abbé Louis Léonard fut du nombre de ces dernières.

« En même temps que Supérieur du collège, il était aussi aumônier et confesseur des Ursulines de Sommières. Il serait trop long de dire ici l'essor, l'élan, les saintes ardeurs qui, sous un tel maître, emportaient ces pieuses reli-

gieuses vers les sommets de la vie parfaite.

« L'une d'elles, la Rév. Mère Stanislas, fut plus particulièrement favorisée
de Dieu. Elle avait de ces lumières surnaturelles, de ces illuminations soudaines, de ces intuitions qui l'avaient sin-
gulièrement grandie aux yeux de son
confesseur qui en était le confident.

« Et il arriva ce qui, d'ailleurs, est
arrivé dans la vie de plusieurs autres
saints, notamment dans la vie de saint
Vincent de Paul, de Saint François de
Sales, de M. Olier et de plusieurs autres,
il arriva que cette âme, dirigée si haut
et si loin dans les voies de Dieu, devint,
par accident, la lumière de son directeur et l'humble instrument de la volonté de Dieu sur lui.

« Plus tard, on racontera peut-être
dans tous ses détails à la suite de quelles intentions Mère Stanislas dit un jour
brusquement à l'abbé Louis Léonard

cette étrange parole : « *Partez de Sommières et allez à Sénanque.* »

« L'abbé Léonard, qui n'avait jamais
pensé pour lui à la vie religieuse et qui
ne savait même pas ce que c'était que
Sénanque, était à ce point convaincu des
lumières surnaturelles de Mère Stanislas, qu'il n'hésita pas malgré la surprise dont il ne put se défendre ; il répondit simplement :

— « Je ne puis pourtant pas quitter
la maison de suite... il faut d'ailleurs
me mettre en ordre avec l'autorité. »

— « Eh bien, prenez huit jours. »

« Or, dans ces huit jours, tout fut
réglé. Mgr Plantier, nouvellement nommé
évêque de Nimes, se trouvait en visite à
l'archevêché de Toulouse.

« L'abbé Léonard lui adresse une demande d'autorisation d'entrer en religion, et comme il était, en même temps
que supérieur et aumônier, vicaire de

Sommières, il fait suivre sa signature du seul titre de vicaire.

« Mgr Plantier, qui ne connaissait encore rien de son diocèse, se croyant en présence d'un simple vicaire, non devant un sujet distingué qu'il n'aurait pas assurément laissé partir sans de grandes difficultés, donna l'autorisation. Voilà le pieux stratagème que Dieu permit pour avoir son serviteur.

« Depuis lors, d'innocentes indiscrétions nous ont appris qu'en sortant, pour n'y plus revenir, de sa chère maison de Sommières et de son cher couvent des Ursulines, le cœur de l'abbé Léonard avait éprouvé un tel déchirement, que ce départ avait été pour lui un sacrifice héroïque[1]. »

1. La *Croix du Midi,* 16 novembre 1895.

V.

SÉNANQUE.

Sénanque était une ancienne abbaye cistercienne, dans le diocèse d'Avignon. La révolution de 1789 avait passé par le couvent dont il ne restait guère que des ruines. Or, tandis que l'abbé Léonard se disposait à quitter Sommières, un homme de cœur, l'abbé Luc-Patrice Barnouin, épris lui aussi de l'amour de la solitude, venait de racheter le vieux monastère et d'abriter dans ses murailles à demi écroulées «un petit groupe de religieux venus, dit le chroniqueur auquel nous empruntons ces détails, des quatre coins du ciel. Il donna à sa communauté naissante le nom de Bernardin de l'Immaculée-Conception. Les premiers éléments de l'œuvre de Sénanque se trouvaient donc là rassemblés par les soins du saint fondateur; mais ces éléments manquaient encore de lien et de cohésion. Il fallait les unir dans une même pensée nettement définie, les maintenir dans une organisation sage et forte : ce fut la part providentielle réservée à l'abbé Léonard, devenu dans le cloître le Père Marie-Jean. »

Les gens du monde se font malaisément une idée des mille et un renoncements de la vie religieuse. Ils la voient pour ainsi dire en gros, sans se douter des innombrables détails qui en font un continuel martyre. Le nouveau religieux embrassa avec ardeur la règle cistercienne. Il sentit dès l'abord que Dieu l'avait choisi pour être la plus ferme colonne de la congrégation naissante. Il fallait de la prudence et du courage, mais le Père Jean en avait reçu de la

Providence une abondante part. Toutes les difficultés du début s'aplanirent par degrés. Grâce aux conseils et à l'exemple de celui qui lui avait été donné pour guide, la communauté de Sénanque ne tarda pas à voir resplendir dans son sein les vertus signalées des premiers compagnons de saint Bernard.

Le parfum de la vie monastique ne reste point d'ordinaire renfermé entre quatre murailles. L'influence exercée dans les pays voisins par les cénobites de Sénanque ne tarda pas à s'étendre au loin. Les âmes généreuses, attirées par le désir d'embrasser une vie plus parfaite, accoururent en foule, et bientôt « son foyer devenant trop étroit pour contenir ses enfants, il fallut ouvrir ailleurs un foyer nouveau. » Certes, les ruines des vieux monastères ne manquaient pas. Le choix de l'abbé de Sénanque s'arrêta sur l'antique abbaye de Fontfroide, l'une des premières filles de

Cîteaux, en ce moment-là propriété de M. de Saint-Aubin.

Le vieux couvent fut racheté, et l'on décida qu'on y jetterait les fondements d'une nouvelle colonie cistercienne.

VI.

FONTFROIDE.

L'abbaye de Fontfroide, située à 12 kilomètres de Narbonne, en plein pays narbonnais et dans un de ses sites les plus pittoresques, était, du douzième au quatorzième siècle, une des plus puissantes et des plus riches abbayes de l'ordre de Cîteaux.

Le 2 mars 1098, le jour même de la fête de saint Benoît, avait été inauguré à Cîteaux, par quelques religieux de Cluny, l'Ordre que saint Bernard devait illustrer. Mais Fontfroide, qui allait en devenir une des plus brillantes gloires, avait déjà vu s'élever un monastère au fond de ces gorges sauvages. On y suivait la règle de saint Benoît.

Il reste du premier édifice quelques

pans de murs encadrés dans les constructions nouvelles.

Une colonie de Cisterciens ne tarda
pas à venir s'y établir. Les deux com-
munautés fusionnèrent.

L'époque reculée de la fondation de
Fontfroide lui mérita d'être appelée, par
rapport à l'abbaye de Grandselve, de
laquelle elle relève, *filia ante matrem.*

Ayméric, vicomte de Narbonne, chrétien très fervent, qui se préparait à com-
battre les infidèles en Palestine, autorisa
les nouveaux religieux à se constituer
sur ses terres. Son fils, trouvant cette
possession précaire, leur donna toutes
les terres qu'ils occupaient. A son tour,
Ermengarde, vicomtesse de Narbonne,
leur céda tout le domaine de Fontfroide
à titre de franc alleu.

L'abbaye de Fontfroide devint illustre entre toutes les filles de Cîteaux par
son influence sur les populations du
Midi. Elle inspira de profonds dévoue-

ments et un grand esprit de sacrifice.

Les annales du couvent gardent parmi les noms les plus célèbres des enfants de Fontfroide ceux de Saint Pierre de Castelnau, légat d'Innocent III et martyr des Albigeois; du cardinal de Novelli, légat du Saint-Siège en Angleterre; du neveu de ce prélat, originaire comme lui de Saverdun et qui, le 14 décembre 1334, fut appelé au trône pontifical sous le nom de Benoît XII. L'Église lui a décerné les honneurs des bienheureux.

Les religieux furent dispersés par la Révolution et les bâtiments vendus aux enchères, au mois de mai 1791. Les possessions territoriales de l'abbaye étaient alors fort considérables. Elles s'étendaient jusqu'en Espagne.

Dom Camredon quitta le dernier son monastère. L'église devenue déserte fut respectée par la Terreur. Chose étrange, ce fut en 1805, après le rétablissement du culte, qu'elle fut dépouillée de ce qui

en faisait le plus bel ornement. Son maître-autel, ses statues, jusqu'au pavé du
temple furent transportés ailleurs. Le
reste de l'édifice ne fut pas plus épargné.

L'abbaye dévastée resta déserte pendant un demi-siècle. Seul, un régisseur
de M. de Saint-Aubin et quelques do-
mestiques en occupaient les ruines.

Ce fut alors que les Cisterciens de
Sénanque essaimèrent et qu'une colonie,
se détachant de leur premier centre, vint
demander au Narbonnais un coin de
terre pour y prier en travaillant.

Le Père Jean avait trop bien réussi à
constituer la communauté de Sénanque
pour qu'on ne songeât pas à lui confier
la fondation de Fontfroide. Il partit donc
à la tête de douze religieux et vint prendre possession de son nouveau poste le
6 septembre 1858.

Le bruit de cette arrivée se répandit
promptement dans toute la contrée; aussi

quand Mgr de la Bouillerie, évêque de Carcassonne, vint quelques jours après, suivi d'un nombreux clergé, procéder à l'installation canonique des moines de Fontfroide, une foule immense l'accompagna. Dès lors la solitude de ce coin reculé des Corbières ne tarda pas à refleurir : on devait bientôt y voir se renouveler les prodiges de Jean-Baptiste au désert, ou du curé d'Ars dans son humble village.

La pauvreté est le rempart des ordres religieux. Elle est aussi d'ordinaire le fondement sur lequel ils s'élèvent. Le Père Jean, qui devait toute sa vie avoir cette vertu en singulière et pratique estime, ne possédait, pour tout avoir à son entrée à Fontfroide, qu'un sac de pommes de terre, un chaudron pour les faire cuire et... une inaltérable confiance dans la bonté divine. Encore les pommes de terre ne devaient-elles pas durer toujours; mais l'abandon du saint prieur à la Providence ne fit que s'accroître quand la dernière eut disparu.

Les terres étaient dans un tel abandon qu'elles ne pouvaient de longtemps rien produire, les murs si délabrés qu'il fallut durant de longs mois, des années même, dormir comme l'on put sur des toiles d'emballage disposées dans l'église, ouverte d'ailleurs à tous les vents. Pendant plusieurs années des planches servirent de table ou de siège. Bien plus, des mois et des mois d'un incessant travail permirent seuls aux religieux, trop pauvres pour payer des ouvriers, de raccommoder eux-mêmes leurs toitures.

Souvent l'on se mit à table sans avoir d'autre pain à manger que le pain de la charité, et encore venait-il fort irrégulièrement, ce pain des pauvres, car on était loin, au dehors, de soupçonner tant de misère.

Ce n'est que peu à peu, à la longue, et au prix d'inouïs sacrifices, que les mu-

railles ont été relevées, les terres défri-
chées, le pain de chaque jour assuré.
Mais on ne peut se rendre compte de la
somme de privations et de souffrances
qui ont planté et arrosé pendant trente-
sept ans cette fondation prospère aujourd'hui dans son indigence.

Tant de sacrifices ne devaient pas de-
meurer sans récompense. La vieille abbaye cistercienne, autrefois le lieu le plus
désert et le plus abandonné de la région,
allait en devenir, grâce au rayonnement
de la vertu et de la sainteté de son vénéré supérieur, le centre le plus fré-
quenté. De tous les coins du pays, de
toutes les provinces de France, de l'étranger même on s'y rendit bientôt pour
avoir l'inappréciable avantage de voir le
Saint, de lui ouvrir son âme, de lui demander sa bénédiction.

VII.

LES MOINES DE FONTFROIDE.

Les Bernardins de l'Immaculée-Conception sont des Cisterciens dont la règle primitive a été tracée par saint Bernard. Cette règle est moins sévère que celle des Cisterciens réformés de la Trappe. Quelques adoucissements souvent plus apparents que réels y ont été apportés dans le but de mettre à la portée des tempéraments affaiblis de notre époque cette vie de travail, de silence et de prières à laquelle sont voués les Trappistes.

Les Cisterciens de Fontfroide n'ont pas le lever de nuit; mais ils se lèvent tous les matins à trois heures. Les quatre heures qui suivent sont exclusivement consacrées aux exercices spirituels. Le reste de la journée se partage entre la prière et le travail.

En dehors des grands jeûnes du Carême, de l'Avent et de quelques époques déterminées, les religieux sont admis à prendre au réfectoire, outre le petit déjeuner du matin, auquel plusieurs trouvent encore le moyen de se soustraire, un peu de soupe et quelques légumes cuits à l'huile ou à l'eau, rarement à la graisse.

Le dépérissement des forces des religieux apporta, il y a quelques années, une modification à la règle du maigre. Il leur fut ordonné de prendre chaque dimanche et les jours de fête une portion de viande; mais cette portion illusoire se réduit parfois à une mince rondelle de saucisson.

Les religieux de chœur sont vêtus de blanc. Les frères convers portent l'habit de bure. Les premiers ont chacun une cellule où ils couchent et se livrent à l'étude, deux heures le matin et dans les intervalles que laissent libres l'office du chœur et les autres exercices de communauté. Ils vont d'ordinaire aux champs dans l'après-midi, pendant deux heures et plus. A l'époque de la moisson et des vendanges, le supérieur peut leur demander le travail le matin et le soir.

Toutefois, les Frères convers y sont seuls occupés par office. Ouvriers, agriculteurs, vignerons pour la plupart, ils sont exclusivement consacrés aux travaux manuels ou à ceux de la campagne. Ils récitent un office particulier aux mêmes heures que les autres religieux. Ils partagent le même repas dans le même réfectoire et ont droit aux mêmes soins, à la même charité.

Nous n'entrerons pas dans de plus amples détails sur la vie des moines de Fontfroide; nous craindrions, si nous pénétrions d'une façon plus intime dans la distribution de leurs journées, de jeter un regard indiscret dans un sanctuaire où Dieu seul pénètre avec eux.

Nous ne croyons pas cependant manquer à la discrétion en rappelant avec quelle charité, quelles bonnes manières ils reçoivent leurs hôtes.

L'hôtelier est en général choisi parmi ces hommes du monde qui après avoir éprouvé le vide des affections humaines sont venus demander au cloître un abri pour leurs désillusions. Ils n'ont gardé de leur état primitif que cette urbanité exquise à laquelle la vie religieuse donne je ne sais quel cachet de grandeur qui rappelle cette parole du P. de Ravignan à des religieux de son ordre : « Traitez-vous comme des princes. »

Dès qu'un étranger franchit le seuil du monastère, le Père hôtelier est aux petits soins envers lui. Y en eût-il cinquante, chacun serait traité comme s'il était seul. Ce n'est pas toutefois cette po-

litesse, cette prévenance guindée qui a
fait quelquefois, bien à tort du reste,
comparer certains religieux à des auto-
mates. L'hospitalité de Fontfroide est
avant tout cordiale. Ce caractère de cor-
dialité est celui qui frappe tout d'abord.
On le retrouve chez tous les moines à
qui la règle permet d'avoir des rapports
avec les étrangers.

Cette physionomie toute spéciale de la
communauté cistercienne de Fontfroide
est due sans doute aux Constitutions
mêmes qui en sont l'âme, mais ne l'est-
elle pas plus encore à la formation donnée par le Père Jean ?

Il suffit pour s'en convaincre d'avoir
reçu l'hospitalité à l'abbaye. Nous ne
pouvons, sans nous exposer à blesser
leur humilité, mettre en scène les religieux encore vivants ; mais qui ne se
souvient de cet aimable frère Pierre,
l'ami intime du si regretté Père que nous
pleurons ! Qui ne le voit encore cachant

sous les dehors d'une insouciance trom-
peuse les trésors d'un dévouement, d'une
charité, en même temps que d'un esprit
religieux dont il faut avoir vu les effets
pour en juger selon leur valeur ! Le frère
Pierre était l'un des vétérans du monastère ; mais, parmi les ouvriers de la première heure, il en est deux encore que
nous avons connus plus longtemps et qui
méritent une mention particulière dans
ces quelques pages : le Père Antoine et
le Frère Arsène.

Le Père Antoine fut longtemps l'économe du monastère. Il ne fit que passer
à l'hôtellerie où il remplaça le R. Père
François Xavier, l'Abbé actuel de Fontfroide. On le voyait toujours par monts
et par vaux, veillant avec une sollicitude
empressée sur le temporel du couvent.
Ses sages épargnes lui permirent de faire
face à de nombreuses difficultés. Il parvint même à mettre de côté, à la suite
des magnifiques récoltes qui précédèrent

l'invasion du phylloxera dans la région, plusieurs billets de mille francs qu'il confia à je ne sais plus quelle entreprise, au Panama peut-être. Le Père Jean voyait de mauvais œil ce commencement de fortune. On avait beau lui dire qu'il fallait penser à l'avenir. L'avenir, pour le saint prieur, c'était la Providence. A des époques où tout manquait était-on jamais mort de faim dans le monastère? Dieu vint en aide à son serviteur d'une façon inattendue. L'entreprise croûla comme tant d'autres et l'argent ne fut pas restitué. Le Père Jean en exprimait à tous son contentement. « A présent, disait-il, je respire à l'aise. »

Le Père Antoine vécut encore quelques années après cet accident; mais jamais il ne put recouvrer l'aisance passée. Il s'affaiblit peu à peu lui-même et précéda dans la tombe celui qu'il avait si long-temps aimé.

A côté du Père Antoine se place une

figure plus austère. Le frère Arsène était un humble frère convers. D'où venait-il ? nous ne l'avons jamais su. Boulanger et jardinier, il passait tour à tour d'un métier à l'autre sans jamais perdre pour cela la présence de Dieu. Ceux qui ont pu lire au fond de cette âme en ont raconté des merveilles. Nous n'en avons vu que l'écorce ; mais ce que nous avons pu admirer nous suffit à comprendre la vénération dont on l'entourait à Font-froide. Sur l'ordre de son supérieur, cet homme eût marché dans le feu, et nous croyons fort qu'il ne s'y serait pas brûlé.

Modeste comme un ange, d'une politesse qui ne l'eût en rien cédé à celle du grand siècle, le frère avait quelquefois affaire aux étrangers. Le plus souvent il ne leur parlait que par signes, à moins qu'il lui fût impossible d'agir autrement, et encore semblait-il alors se reprocher d'avoir violé un silence auquel il tenait par-dessus tout.

Une fluxion de poitrine négligée au principe l'emporta vers le milieu d'avril 1895. On aurait pu le sauver encore malgré son grand âge, tant son tempérament était robuste ; mais il avait hâte d'aller au ciel.

Nous venons de citer ces trois noms ; mais à côté de ceux-ci on pourrait en écrire d'autres. Celui qui parcourt le cimetière de Fontfroide peut se dire, en lisant les humbles inscriptions peintes sur les croix noires : « Que de saints dorment ici ! »

VIII

Il suffirait à la gloire du Père Jean d'avoir, comme il l'a fait, relevé Fontfroide de ses ruines et travaillé à la reconstitution de son ordre. Mais c'est pourtant là peut-être un de ses moindres titres à la vénération publique.

Non seulement l'homme privé, mais encore le supérieur du monastère disparaît devant ce thaumaturge des consciences que l'on a appelé, non sans raison, le *Dom Bosco français*, le *curé d'Ars du Languedoc*, et qui a exercé pendant près d'un demi-siècle sur le midi de la France une influence dont on a peu d'exemples dans l'histoire même des saints.

Sa modestie religieuse, son bon sourire, son humeur égale, sa parole toujours aimable et toujours sainte ravirent dès l'abord les sympathies de ses premiers visiteurs.

L'aménité de ses manières, la prudence, le tact, la netteté de ses conseils, attirèrent bientôt les gens du voisinage qui, après l'avoir connu, ne se lassèrent pas de recourir à lui.

Peu à peu le nom du Père Jean se répandit dans le pays. Et, dès lors, que de bien n'y produisit-il pas ! En présence des fruits d'un si fécond apostolat, la plume nous tombe des mains et se refuse à résumer en quelques lignes ce que des volumes entiers auraient peine à contenir.

Nous avons sous les yeux plusieurs lettres écrites après sa mort par des personnes qu'il guidait dans les voies spirituelles, par des hommes qu'il avait relevés tout meurtris sur le chemin de la vie et à qui il avait rendu la foi. Ces lettres remplies de larmes et de regrets déchirants nous révèlent quel vide il laisse ici-bas.

Le Père Jean était devenu, en effet, le père de tous : il semblait que Dieu l'eût appelé dans ce coin du midi de la France pour y être sa Providence visible, une Providence qui ne savait que se faire bénir.

Arbitre vénéré, il voyait tous les jours venir à lui de bien loin des âmes avides de ses décisions. On lui demandait la solution de questions fort délicates, on dévoilait à ses regards les grandes misères que recèle parfois l'intérieur des familles. Il écoutait, pesait, priait, puis de cette voix pénétrante qui savait porter au cœur la persuasion, il rendait son verdict. Souvent, il demandait des sacrifices poignants ; mais en échange il ramenait la paix au foyer. Que de réconciliations ont germé dans cette cellule froide et nue, le type des cellules monastiques !

Que de conversions surtout sont écloses au contact de sa chaude et douce parole ! Qui pourra jamais compter les âmes qui sont venues frapper à sa porte, ravagées par le doute, et sont retournées rayonnantes de foi ? Nous ne saurions en donner le nombre même avec approximation. Qu'il nous suffise de citer ici une lettre écrite sous le coup de l'immense douleur causée par la mort du Père Jean. Elle renferme l'histoire d'une de ces âmes. C'est l'histoire de beaucoup d'autres :

« J'ai eu dans ma vie une période de doute et de désespoir qu'il a été le seul à connaître. Son âme inspirée d'en haut me montra le danger où je me plaisais, et m'indiqua la route, la seule route que j'eusse à suivre. Connaissant son admirable sens des choses humaines et divines, j'écoutai ses conseils.

« Grâce à eux, le calme est rentré depuis longtemps dans mon âme. Je ne cherche plus dans les œuvres de rêveurs grecs, de logiciens anglais ou de philosophes allemands la solution d'un problème que nous ne devons pas étudier ici-bas. Je ne dis pas que je ne m'en inquiète plus. Mais je sais, par ce que m'a appris notre bien-aimé Père, que celui qui peut tout peut seul me faire connaître ce mystère, et j'attends qu'il lui plaise de l'éclaircir. Mes recherches enfantines et ridicules ont fait trêve, et avec elles ont cessé mes inquiétudes, mes craintes, mes nuits sans sommeil et mon désespoir.

« Et c'est à lui, à lui que nous venons de perdre et que nous ne remplacerons jamais, à lui dont la mort est vraiment la première peine qu'il ait causée à ceux qui l'aimaient, que je dois cette merveilleuse tranquillité de mon cœur et de ma raison. Combien d'autres lui doivent aussi la paix de leur âme ! »

Un jour, c'est un tout jeune homme

étranger et protestant qui, sur le point d'épouser une catholique ardente, est venu de loin visiter le *Saint du Midi* et s'éclairer à la lumière de ses conseils. Quand ils sortent tous deux de la cellule du prieur, le Père Jean est rayonnant : le bonheur sort par ses regards. Le jeune homme est pâle, ses yeux brillent un ardent éclat, son intelligence et son cœur ont été transformés.

Souvent le Père Jean n'attend pas que les âmes éloignées de Dieu aient recours à son entremise pour les rapprocher du seul et vrai Bien ; il va les chercher. Apprend-il qu'un homme influent, et dont la conscience est peut-être depuis longtemps souillée de fautes nombreuses, se trouve gravement malade et ne veut pas recevoir de prêtre, il s'échappe de ses montagnes et court, au nom de Jésus-Christ, frapper à la porte du moribond. Il le presse de ses tendres exhortations, lui montre le ciel et l'enfer entr'ouverts, et le malade, gagné par tant de charité, revient à Dieu et meurt dans la paix. Quand le saint religieux quitte cette demeure dans laquelle il vient de donner à une âme le bonheur éternel, tous ceux qui y demeurent lui vouent un de ces amours, une de ces vénérations que seuls les saints ont le secret d'inspirer. Il devient l'ami de la famille, il le restera jusqu'à la fin; rien ne se fera plus dans la maison sans l'avis ou le conseil du Père.

Un jour il apprend qu'un vieux gentilhomme se meurt dans un village éloigné. Le malade avait projeté le voyage de Fontfroide pour s'y mettre en règle avec sa conscience; mais une maladie grave l'avait brusquement terrassé : il allait paraître devant Dieu. Le Père Jean est mandé; il accourt, et Monsieur d'A... meurt en prédestiné. Il laisse une fille et deux petits-enfants inconsolables, dont la mère, déjà veuve et malade elle-même, ne peut en prendre tout le soin désirable. Le Père Jean devient le père de ces enfants. Il prend si bien au sérieux son rôle que dès ce moment jusqu'à la fin de sa vie il les aimera et les traitera comme s'il était vraiment leur père selon la chair. Il poussera pour eux la condescendance aussi loin qu'un père peut la porter.

L'aîné des enfants grandit et prend goût à la chasse ; mais pendant les longs mois de collège le chien du jeune chasseur devient un tel embarras pour la maison qu'on se refuse à le garder. Le bon père lui donne asile dans son monastère et le garde jusqu'aux vacances ; de temps en temps, il envoie lui-même à l'enfant des nouvelles de son pensionnaire. Il n'est rien de plus délicieux que cette correspondance.

Le cœur du Père Jean était un cœur de mère, nous venons de le voir. Il savait, par suite, compatir à toutes les douleurs.

Aussi l'on peut dire qu'il n'y avait guère de douleur dans le pays qui ne vînt à Fontfroide chercher une consolation. On y venait même des pays étrangers. Mgr Claret, dont la dépouille repose dans le cimetière du couvent non loin de celle du saint abbé, et qui mourut lui-même en si grande odeur de sainteté que son procès de canonisation est déjà introduit en cour de Rome, chassé d'Espagne par la Révolution triomphante, ne crut pas trouver ailleurs qu'à Fontfroide un asile à son infortune. Il y mourut dans les bras du charitable prieur.

Cependant, la renommée du Père Jean croissait de jour en jour. On lui amenait des malades à bénir, des possédés à exorciser. Les malades s'en retournaient toujours consolés, quelquefois guéris, ainsi qu'en ont témoigné des personnes dignes de foi. Les possédés eux-mêmes retrouvaient souvent à Font-froide une liberté qu'ils avaient vainement cherchée ailleurs. Il se passa plus d'une fois entre eux et le saint religieux des faits extraordinaires, mais insuffisamment connus.

On demandait un jour au Père Jean d'écrire ses rapports avec les démons dans les exorcismes.

— Il y aurait, en effet, répondit-il, matière à histoire longue et instructive; mais le temps me manque absolument pour la faire.

Était-ce simplement le temps qui lui faisait défaut ou l'humilité qui le poussait à cacher les grâces extraordinaires que Dieu lui communiquait?

Sur ce point, l'abbé de Fontfroide eut encore plus d'un trait de ressemblance avec le curé d'Ars.

S'il se dépensait pour les laïcs, le Père Jean était surtout inépuisable de tendresse, de charité, de dévouement pour les ecclésiastiques. On a dit que plus de six mille prêtres sont venus puiser auprès de lui la sainteté ou la science des voies spirituelles. Ils y venaient avec confiance, car ils le savaient inspiré de Dieu.

Il semblait, du reste, que le Seigneur ouvrît aux yeux de son serviteur le secret de ses desseins sur les âmes ou les mystères de leur avenir.

A un prêtre qui sur le point d'embrasser l'état religieux veut recevoir de lui une dernière bénédiction : « Non, répondit-il, Dieu ne vous appelle pas là; rentrez dans le monde. Vous deviendrez aumônier d'un couvent de religieuses et vous ferez beaucoup de bien. » A quelque temps de là cette prédiction se réalisait.

Un autre vient demander une place au noviciat de Fontfroide : « Levez-vous, mon fils, lui dit le saint vieillard, et partez pour le noviciat des Jésuites; c'est là votre place. »

Un de ses religieux, fatigué de la vie

cistercienne, part sans prendre congé de lui : « Laissez-le faire, dit-il, le bon Dieu saura bien le ramener. » Dieu le ramena, en effet, et le pauvre transfuge mourut dans des sentiments admirables au milieu de ses frères.

Il ne faut pas croire toutefois que l'influence du Père Jean eût besoin pour s'exercer des visites continuelles qui l'assaillaient à l'hôtellerie. Il dirigeait au loin un grand nombre de personnes. Son admirable correspondance en fait foi.

On réunira peut-être un jour les nombreuses lettres qu'il a écrites. C'est là qu'on le retrouvera tout entier. Nous ne pouvons malheureusement nous engager aujourd'hui dans cette étude qui, nous l'espérons, ne tardera pas à se faire.

Le R. P. Jean n'était pas seulement l'homme des riches, il était aussi celui des indigents. Quelles délicieuses pages il y aurait à écrire sur les relations très suivies du bon Père avec une pauvre femme indigente qu'il voyait chaque fois qu'il allait à Narbonne ! C'était une sainte personne, une favorisée des dons de Dieu ; c'était *sa Marie*, comme il l'appelait lui-même. Quant elle mourut, on fit à Fontfroide la croix de bois destinée à sa tombe, et le Père Jean en composa lui-même l'épitaphe : « L'humilité, portait-elle, cache aux yeux des hommes les dons que la grâce avait ajoutés à ceux de la nature. » Souvent lorsqu'il revenait de Narbonne, le bon Père parlait de cette âme à ses religieux. Il leur raconta un jour au chapitre ce que cette pauvresse lui avait dit : « Il me semblait que je voyais Notre-Seigneur comme un chiffonnier, cherchant des âmes au milieu des ordures. Il remuait avec un crochet, et de temps en temps ramenait quelque chose. » Le saint Prieur disait, consterné, à ses enfants : « Voilà ce qu'est le monde d'aujourd'hui. » Aussi on s'explique pourquoi après une journée passée à l'hôtellerie et au confessionnal le Père arrivait à la réunion du soir écrasé par tout ce qu'il avait entendu et guéri de misères : « Pauvres enfants, disait-il alors, si vous saviez quelle part vous a faite le bon Dieu. Que nous sommes heureux ici. Oh! bénissons le bon Dieu et soyons fidèles à nos règles. Prions bien pour ce pauvre monde où l'on souffre tant, où l'on ne sait pas aimer le bon Dieu. » Et il ne pouvait retenir ses larmes.

Son amour intense de Notre-Seigneur avait fait disparaître en lui jusqu'au dernier vestige de sa personnalité. En allant à lui on sentait qu'on allait à Dieu. Il a été en relation avec des âmes de toute condition, car tout le monde indistinctement pouvait approcher de lui.

« Comme on aime à voir, dit un de ceux qui l'ont connu davantage, ce mélange des petits et des grands ! C'était le trône du bon Dieu, où tout le monde est admis à faire valoir sa demande.

« Un pauvre Espagnol, banni de son pays, vient le prier d'intercéder pour lui auprès de la reine Isabelle. Il avait été victime d'une calomnie (c'était, je crois, vers 1870). Notre Père écrit à la Reine exposant les faits et demandant pour le plaignant qu'il lui fût permis de rentrer dans son foyer. La reine lui répond qu'elle le remercie de lui montrer qu'elle a été induite en erreur, et que celui dont il se montre le patron peut retourner librement dans sa famille. Elle est prête à l'écouter tant qu'il voudra plaider la cause du pauvre et de l'orphelin. »

L'ambassadeur de Russie, le baron de Morhenheim, avait à son service comme institutrice de sa fille une jeune personne pieuse et instruite qui voulait entrer en religion. La jeune fille, alarmée de voir son institutrice prête à partir, devine qu'une lettre du Père Jean la pourra retenir près d'elle encore quelque temps. Elle lui écrit. Le Père demande à l'institutrice de sacrifier pour quelque temps encore au besoin d'être utile à cette enfant qui l'aime tant et à qui elle pourra faire du bien, son désir légitime d'entrer en religion ; ce sera plus utile à la gloire de Dieu et à cette âme. L'institutrice, touchée, reste encore. Et alors lettre de remerciements de la jeune Russe et protestations émues jusqu'aux larmes. Toute la famille se met de la partie et offre tous ses services.

Une autre fois, c'est une mère qui vient le prendre pour juge entre sa fille et elle. La jeune fille désire ardemment contracter un mariage auquel sa mère ne veut pas consentir.

Le Père a les confidences des deux parties ; il dit à la mère : « Il faut céder. Le cœur est pris. Vous exposez l'avenir de cette chère enfant. » La mère se rend. Les enfants se marient. C'est le Père qui a vu et a parlé. Tout est fini.

Et dans cet ordre d'idées, que de mères on pourrait citer qui n'ont pris de décisions que sur l'avis du bon Père. On s'est servi de son influence pour vaincre des répugnances invincibles et trancher des situations inextricables. Tout s'aplanissait dès qu'il avait parlé.

« Il y a quelque temps, nous écrit un témoin oculaire, dans un partage de famille où la situation était délicate, on remit tout à son arbitrage. J'étais présent au jugement. Tous s'écrièrent : « Comme vous déciderez, il sera accepté. » — Il décida : On se fit aussitôt des concessions mutuelles, et chacun obtint plus qu'il n'avait espéré. J'ai vu alors le bon vieillard pleurer en face des deux beaux-frères réconciliés, à genoux devant lui, lui baisant les mains, le remerciant, acceptant sa décision paternelle comme celle de Dieu et s'embrassant devant lui les yeux pleins de larmes. — « Vous êtes mes enfants tous les deux. Je veux votre bonheur commun, faites un sacrifice chacun et vous aurez trouvé la paix, la meilleure des richesses pour une famille. » — Et l'on se sépara heureux sous la bénédiction du bon Père bien-aimé. Deux dames de la famille attendaient anxieuses l'issue de l'arbitrage. Leur bonheur fut inexprimable.

Elles voulurent, elles aussi, la bénédiction du saint.

Le Père Jean qui ne pouvait plus marcher et jouir du bonheur commun, se fit porter à sa fenêtre et de là, bénit toute la famille agenouillée sur la montagne.

Les faits de cette nature abondent; mais les limites de ce modeste travail ne nous permettent pas de les multiplier. Citons cependant un dernier trait.

Il nous souvient d'un jeune homme d'une des plus grandes familles de

France, pleurant ses désordres et s'accusant d'avoir, par sa conduite, fait blanchir avant l'âge son père désolé et sa mère dont les yeux ne tarissaient plus. « Il était inconsolable, nous disait notre bon Prieur. Je l'ai encouragé, lui ai conseillé une demande de pardon à ses parents, et ai obtenu, en témoignage de repentir, un long voyage qui éloigne l'occasion. » Au retour, il se mariait et commençait une vie nouvelle. Ah ! quelle lettre de reconnaissance et de piété il lui écrivait durant ces longs mois d'exil !

Il est temps d'accompagner le Père Jean à travers les principaux événements qui traversèrent les vingt dernières années de sa vie.

IX.

L'INONDATION DE 1875.

Rien ne montre la grandeur d'une âme, aussi bien que la constance dans l'adversité.

Au mois de septembre de cette terrible année 1875, si célèbre par les inondations qui ravagèrent le midi de la France, les religieux de Fontfroide chantaient l'office, un dimanche, vers les quatre heures du matin, dans le chœur de leur église, lorsqu'une trombe effroyable s'abattit sur les montagnes environnantes.

En vingt minutes, le torrent, à sec d'ordinaire à pareille époque de l'année, devint un vaste lac, mais un lac aux flots impétueux qui battaient avec rage les murailles du monastère. Plusieurs souterrains ménagés sous les constructions permettaient facilement, en temps ordinaire, aux eaux pluviales tombées sur les collines voisines, de rejoindre le ruisseau principal sans causer le moindre dommage au vieux couvent. Mais la poussée des flots fut cette fois si violente que les conduits crevèrent en maints endroits et notamment dans l'église.

L'église était pauvre, nous l'avons dit; son pavé, emporté en 1805, n'avait pas été remplacé. Seul un parquet de bois placé dans le chœur des religieux en tenait lieu.

Tout à coup les eaux pénètrent, bondissent furieuses jusque dans le sanctuaire, et montent rapidement, menaçant de submerger les prêtres qui sont à l'autel. La grande porte du couvent est fermée à cette heure matinale, ce qui permet à l'inondation d'atteindre dans la cour extérieure jusqu'à 4 mètres environ de hauteur.

Les prêtres se hâtent de consommer les saintes espèces et se réfugient sur l'autel même où ils ont bientôt de l'eau jusqu'au dessus de la poitrine.

Pendant ce temps un fait remarquable venait de se passer dans le chœur. Voyant sa communauté menacée d'une destruction complète, car l'eau arrivait par toutes les issues, le Père Jean avait demandé du secours à Dieu lui-même, et le parquet violemment arraché par les eaux souterraines venait de se soulever tout d'une pièce, portant comme autrefois l'arche sainte, le salut de ceux qui s'y trouvaient.

L'énorme porte de bois placée à l'entrée de la première cour céda en ce moment : il en résulta une éruption irrésistible de toutes les eaux amoncelées. Le rez-de-chaussée fut complètement ravagé, et la force du courant fut telle qu'il emporta de lourdes charrettes à plusieurs centaines de mètres de distance.

Une seule victime, un pauvre vieux
familier, saisi dans un corridor étroit
par l'invasion du torrent, fut étouffé
sous les eaux.

Mais plusieurs religieux contractèrent
alors des maladies qui devaient les emporter plus tard.

Toutes les provisions du couvent
étaient détruites; le Père Jean se trouva
dans le dénûment le plus absolu. Il
s'abandonna à la Providence. Dieu lui
vint en aide et permit que ce malheur
inspirât à des âmes généreuses la charitable pensée de faire réparer à leurs
rais les dommages qui venaient de se
produire.

Ce fut dans cette circonstance douloureuse que l'on put admirer la séré-
nité du saint homme. Ses lèvres ne quittèrent pas leur sourire habituel : *Dominus dedit, Dominus abstulit, sit nomen
Domini benedictum.*

Nous le retrouvons avec le même

sang-froid dans une occasion plus criti-
que encore; nos lecteurs nous sauront
peut-être gré de la leur rappeler ici.

X.

L'ATTAQUE DES BRIGANDS.

Voici les détails de cet événement qui fit en son temps beaucoup de bruit. Ils montreront jusqu'à quel point le saint Prieur avait gardé, dans les circonstances les plus pénibles, une pleine possession de lui-même.

Le récit nous en a été conservé dans une lettre écrite, le lendemain de cette mémorable aventure, à un ami du Père Jean, d'après la déposition d'un témoin oculaire :

« Lundi soir, 16 janvier 1887, entre huit heures et demie et neuf heures, une bande de brigands armés entrèrent par le jardin et se présentèrent chez le Frère Jean-Pierre qui allait se coucher. Ils frappèrent doucement. Pris au dépourvu, le Frère dit : « Entrez ». Il se trouva aussitôt entouré de voleurs qui, lui posant le pistolet sur la gorge, le sommèrent de leur livrer l'argent qu'il possédait, la clef du portail pour ouvrir à une seconde bande, puis de les accompagner chez le *Directeur*.

« Le Frère répondit qu'il n'avait pas d'argent, qu'on prît de chez lui tout ce qu'on voudrait, que la clef était sur la porte en dedans. Quant à les accompagner chez le Supérieur, il ne le pouvait nullement ; car ses jambes démesurément enflées depuis longtemps, ne lui permettaient pas de monter.

« Deux le prennent alors de chaque côté, un autre le pousse un peu par derrière, un troisième le tire en avant.

« Ils rencontrent chemin faisant le Frère Xiste qui se trouvait par hasard dans la cour d'entrée et le contraignent de les accompagner chez le Père Jean.

Toutefois ils ne lâchent pas le Frère Jean-Pierre, et les menaçant l'un et l'autre de mort s'ils poussent un cri, l'un des brigands ajoute : « Si vous nous trompez, prenez garde, je connais le chemin, j'ai travaillé dans la maison. »

« Les Frères voulurent néanmoins essayer de passer du côté de la Communauté, pour que ce bruit de pas inusité à ce moment de la nuit (il pouvait être dix heures), commençât à donner l'alarme et à rassembler les religieux; mais le brigand les en empêcha. « Par ici, dit-il, en indiquant la ligne droite, vous nous trompez. »

« On arrive chez le Père Jean; il était couché. On frappe; croyant que c'est un Frère qui a besoin de lui, il se lève et se couvre.

« Les brigands trouvent le temps long, et l'un deux dit à un autre : « Va chercher en bas de quoi faire sauter cette porte, ce sera plus tôt fini. » (Ils avaient, dit-on, porté assez de dynamite pour faire sauter le monastère tout entier). En ce moment la porte s'ouvre, et les voleurs cachant leurs armes, s'avancent vers le Père.

— « Nous sommes, lui disent-ils, des ouvriers sans travail, nous demandons du secours.

« Le Père comprend aussitôt, mais ne se trouble pas le moins du monde.

— « Je veux bien vous en donner, répond-il, en ouvrant un tiroir, voilà ce que j'ai.

« Il y avait o fr. 90 centimes.

« Le Père Jean, se rappelle alors qu'on lui a, depuis peu, remis 6 ou 8 francs; il ouvre un autre tiroir dans lequel ils se trouvent et dit aux bandits :

— « Tenez, voilà encore ceci que je me rappelle avoir en ma possession.

« Les bandits firent un mouvement de dédain.

— « C'est de l'argent qu'il nous faut,

crièrent-ils. Nous sommes vingt brigands armés, nous avons de quoi faire sauter la maison, et si vous ne nous donnez pas une forte somme, vous êtes morts.

« Et en même temps ils tournèrent contre sa poitrine les canons de quatre pistolets.

— « Vous êtes vingt, répond le Père Jean sans la moindre émotion; nous sommes cinquante. Vous êtes armés, nous le sommes aussi; si vous voulez des secours, on vous en donnera, mais de l'argent je n'en ai pas.

— « C'est dix mille francs qu'il nous faut ou sinon...!

« Le saint Prieur ne sourcille pas; mais voyant à ses côtés le Frère Xiste, il lui dit : « Appelez la communauté. »

Puis s'adressant aux voleurs : « Tirez, mes enfants, et que Dieu vous pardonne comme je vous pardonne. »

A ce moment, le Père Jacques comprenant que quelque chose d'extraordinaire se passe dans la maison, sort sans se rendre compte de ce que c'est et se rend chez son supérieur. On essaie de lui barrer le passage : « Où allez-vous? »

— « Et que vous importe? » répond-il en les bousculant pour passer, sa lanterne à la main. Il vient à bout d'arriver jusque chez le Père; mais on avait déjà tiré un coup de feu à son adresse. Ce coup avertissant la seconde bande qu'il y avait lutte, l'avait bientôt rassemblée.

« Les nouveaux arrivés se dirigèrent vers la porte du Père pour porter secours aux leurs, s'il le fallait; mais ceux-ci parlementaient encore avec le Père Jean et menaçaient toujours de faire usage de leurs armes, quand le Père Léonce arriva.

« Deux ou trois coups de feu retentissent alors dans le corridor. Les brigands qui entourent le Père Jean comprenant que la lutte s'engage et devient sérieuse, se précipitent à la porte pour aider les leurs.

« Pendant ce temps, le Frère Xiste et le Père Jacques séquestrent bon gré mal gré le Père Jean dans sa chambre pour l'empêcher de sortir et volent, l'un prévenir, s'il le peut, la communauté, l'autre au secours du Père Léonce contre lequel viennent de partir ces deux ou trois coups de feu qui miraculeusement ne l'ont pas atteint.

« Le Frère Xiste passe au milieu des décharges pour remplir son mandat; mais les portes des dortoirs sont cernées par d'autres brigands, et dès que les Pères, dont quelques-uns comprennent enfin qu'on leur demande du secours, sortent de leurs cellules, on les repousse par un coup de feu ou par ces mots : « Ne sortez pas ou vous êtes morts ».

« Tout cela se passait dans l'obscurité, sans autre lumière que celle de la lune donnant çà et là.

« Cependant une lutte à outrance s'était engagée entre le P. Léonce et un bandit.

Le Père Léonce l'avait saisi pour le désarmer, et le tenait à bras le corps. Le Frère Jacques était accouru à son aide ; mais la position était des plus pénibles. Le brigand faisait tous ses efforts pour jeter son adversaire du haut du dernier palier, au bas de l'escalier qui n'avait pas de rampe ; s'il y eût réussi, le Père aurait été tué sur le coup. Mais Dieu veillait. Ils roulèrent tous trois de marche en marche sans que l'avantage se décidât ni d'un côté ni de l'autre.

« Le Frère Celse les aperçoit, veut les secourir, mais est traversé de part en part par une balle qui entrant par le sein sortit au-dessus de l'omoplate.

« Le Frère Michel soutenait aussi la lutte avec un bandit, les autres brigands tiraient au hasard des coups de feu. Cette scène dura environ trois quarts d'heure, après lesquels quelques-uns des Pères étant parvenus à se dégager, les brigands eurent peur d'être écrasés par le nombre. Voyant du reste qu'ils ne gagneraient rien à rester, ils s'enfuirent. Celui que tenait le P. Léonce finit aussi par s'échapper.

« Six ou huit Pères ou Frères avaient seuls pris part à ce drame nocturne. La plupart de ceux qui étaient éloignés n'en eurent pas même le soupçon ; ils dormaient ou prenaient les coups de pistolet pour le bruit des portes battant au vent.

« Après cette terrible lutte, quelles actions de grâces jaillirent de tous les cœurs et de toutes les lèvres !

« La seule émotion qu'eut le Père Jean, ce fut quand, enfermé chez lui, il se demandait au bruit de tous ces coups de feu : « Combien vais-je en compter de morts ?... » et quand il vit qu'il n'y en avait pas un seul, quel cri s'échappa de son âme !

« Plus tard, on lui demandait s'il avait eu peur. « Peur, mais non ! J'ai lu dans

le saint Évangile que l'homme finit toujours par tomber du côté où il penche;
et moi, j'ai senti cette fois que j'allais
tomber du côté de la miséricorde. Pourquoi faut-il que je vive encore, je vais
recommencer à offenser le bon Dieu! »

XI.

Cette alerte avait été vive, mais elle n'avait fait qu'accroître le courant de sympathies qui se portait vers le vénéré prieur de Fontfroide. Les lettres qui lui arrivèrent à cette occasion de toutes les parties de la France montrèrent jusqu'à quel point son nom était en bénédiction.

C'est à cette vénération profonde qu'il faut attribuer la paix dont avait continué à jouir l'abbaye pendant et après la persécution de 1880.

Déjà le R. Père François-Xavier, sous-prieur, avait été envoyé avec un autre religieux, le Père Jacques, dans la péninsule Ibérique pour y chercher, parmi les ruines de tant de magnifiques monastères, un refuge pour les exilés de la congrégation de Sénanque. Mais la Providence, en qui le R. Père Jean avait toujours montré la plus fidèle confiance, ne l'abandonna pas en ce moment.

Le décret d'expulsion avait été notifié au sous-préfet de Narbonne et déjà une escouade de gendarmerie se mettait en marche vers Fontfroide, lorsqu'une dépêche contresignée par le Président de la République en suspendit l'exécution.

Parmi les Narbonnais, le saint vieillard ne comptait que des. enfants dévoués. Sans distinction d'opinions politiques, ils accouraient à lui comme à un père, et leur père les accueillait avec cette bonne grâce qui lui attachait tous les cœurs, sans leur demander jamais compte d'autre chose que de leur amour envers Dieu. Aussi, au moment du danger, ne l'oublia-t-on pas. Des personnages influents firent jouer tous les ressorts dont ils disposaient au centre du

Gouvernement, et le monastère fut sauvé.

Le Père Jean continua à se dévouer au salut de tous, recevant chaque jour des témoignages nouveaux d'une confiance et d'une admiration dont il rapportait l'honneur à Dieu seul, visitant, administrant, réconciliant les malades avec cette charité dont il avait seul le secret.

Que nos lecteurs nous permettent de mettre sous leurs yeux une lettre qu'il écrivait à cette époque à un de ces enfants les plus aimés, chassé en Espagne par la tempête révolutionnaire. On y verra quelle sollicitude il portait dans cette œuvre de miséricorde.

« Cher enfant, je crois pouvoir te rassurer sur l'état de la maman. Je l'ai vue deux fois pendant sa maladie : la première fois, elle m'envoya prendre; je la trouvai bien souffrante et surtout bien abattue. J'y passai la nuit et tout le lendemain. Je relevai facilement son moral,

et comme ce ressort est très puissant
chez elle, je la laissai mieux. Samedi
dernier, j'y étais encore, et je trouvai
l'inflammation bien diminuée. Avant-
hier, mon frère Pierre l'a trouvée levée
et considérablement mieux... Du reste,
je suis convaincu que ce n'est pas encore son heure... » Ce fait entre mille
montre jusqu'à quel point le bon Père
s'intéressait à ses amis (et il en avait
tant), jusqu'à quel point il était à eux
tout entier.

L'année 1887 fut attristée par un péni-
ble accident.

Le Frère Pierre, de si sympathique
mémoire, accompagnait à la gare de
Narbonne M. l'Archiprêtre d'Agen, un
des amis les plus dévoués du Père Jean.
Soudain l'essieu se rompt, la roue tombe,
le cheval effrayé prend le mors aux
dents.

Les deux voyageurs sautent aussitôt.
L'archiprêtre tombe dans le fossé et se

blesse grièvement; mais le Frère est traîné à 60 mètres de là.

On le ramassa dans un état lamentable, la tête ensanglantée, la colonne vertébrale brisée.

Il survécut deux jours encore à ces affreuses blessures et mourut dans les bras de son saint prieur, accouru pour l'assister.

Cet événement porta au cœur du Père Jean un coup violent et le détacha plus encore, s'il était possible, de ce qu'il aimait en ce monde.

Mais Dieu, qui s'était plu depuis quelques années à lui ravir un à un les plus chers de ses enfants du cloître ou du monde, à briser son âme dans la douleur, jugea que le moment était venu de faire éclater ses mérites, aux yeux de tous, en le revêtant d'une dignité dont son humilité refusait depuis longtemps les honneurs.

En 1888, ces honneurs vinrent au-devant de celui qui les fuyait. L'ascendant de ses vertus s'était fait sentir dans la congrégation tout entière des Cisterciens de France.

A la mort du R^{me} Dom Marie-Bernard, abbé de Lérins, elle n'eut qu'une voix pour donner comme successeur à ce dernier, dans la charge de Vicaire général, le R. Père dom Marie-Jean. A cette occasion, le général de l'Ordre et Mgr l'Évêque de Carcassonne sollicitèrent et obtinrent pour lui de Léon XIII la dignité d'Abbé. La bénédiction abbatiale eut lieu le 2 février 1889.

Nous ne croyons pouvoir mieux faire que de laisser ici la parole à un témoin oculaire. Les joies et les splendeurs de cette mémorable journée sont encore présentes à toutes les mémoires; nous craindrions de rester en deçà de la vérité en essayant nous-même de les raconter. C'est à la *Semaine religieuse* de Carcassonne que nous empruntons le récit que l'on va lire.

XII.

LA BÉNÉDICTION ABBATIALE.

« L'antique abbaye de Fontfroide est ressuscitée; un nouvel anneau vient de s'ajouter à la chaîne d'or de ses anciens abbés. Ainsi va renaître la gloire huit fois séculaire de ce monastère où tant de saints religieux ont édifié la terre et réjoui le ciel.

« Pour la bénédiction du nouvel Abbé, l'illustre métropole de Narbonne avait déployé toutes ses magnificences. Elle offrait un cadre grandiose à la pompeuse cérémonie qui allait s'accomplir dans son enceinte.

« Dans le sanctuaire s'élevait, du côté de l'Évangile, un trône de velours rouge aux armes de Mgr Billard, et, en face, l'autel préparé pour le nouvel Abbé. Sur les cierges du maître-autel et de l'autel

latéral, les armes du R^me Père Jean alter-
naient avec celles de Mgr l'Évêque. Le
sanctuaire et l'autel majeur étaient ma-
gnifiquement illuminés.

« Une assistance d'élite se pressait,
émue et silencieuse, dans la nef et dans
les tribunes. La haute société narbonnaise et les grandes familles de la région
étaient venues rendre hommage à l'humble religieux qui, par le rayonnement de
sa piété et ses conseils paternels, exerce
sur elles depuis trente ans la plus salu-
taire influence.

« L'aspect de l'insigne Basilique est
des plus imposants et l'assistance, remon-
tant les années écoulées, croit voir dans
une douce illusion reparaître l'éclat des
anciens jours.

« En effet, dans le défilé sorti de la
grande sacristie pour se rendre au
chœur par l'un des bas-côtés, on remarque le nouveau Prieur et les religieux de
Fontfroide; les Capucins de Narbonne

avec le gardien de leur couvent, de nombreux ecclésiastiques et divers Chanoines honoraires du diocèse et des diocèses voisins ; le Prieur des Carmes et le Gardien des Capucins de Carcassonne ; le P. Raynal, Dominicain de Toulouse ; les Pères prieurs de Hautecombe et de Ségriès ; les curés de la ville ; M. le Supérieur du Grand Séminaire de Carcassonne ; le T. R. P. Provincial des Capucins ; M. Laffon, archiprêtre de la cathédrale d'Agen ; M. le Doyen et deux autres membres du vénérable Chapitre de Carcassonne ; M. Roca, vicaire général de Perpignan ; M. Canonge, vicaire général de Montpellier, représentant Mgr l'Évêque ; les RRmes dom Colomban, abbé de Lérins, dom Gérard, abbé de Senanque, dom Marie, abbé d'Aiguebelle, et dom Candide, abbé de Sainte-Marie-du-Désert, ces deux derniers assistant le nouvel élu ; Mgr l'Évêque et ses vicaires généraux, ferment la marche.

« Chaque membre de cet imposant cortège vient occuper la place qu'une habile prévoyance lui a assignée dans le sanctuaire, aux stalles ou devant l'appui de communion, tandis que la maîtrise de Saint-Just prélude par un chant triomphal à l'exécution magistrale d'une messe brève de Gounod.

« La cérémonie commence. L'Évêque s'approche de l'autel, paré de tous ses insignes, et le premier assistant lui présente le nouvel élu en demandant pour lui la bénédiction abbatiale. Sur la demande du prélat, l'assistant produit le mandat apostolique dont **M. Guilhem**, chanoine honoraire et notaire de l'Évêque, donne lecture à l'assistance. Après la prestation du serment et l'examen canonique, l'Évêque commence la messe, tandis que l'élu revêt ses insignes et récite les prières de la messe à son autel particulier.

« Arrivé au Graduel, l'Évêque s'arrête

et s'agenouille devant l'autel ; le nouvel abbé se prosterne à ses côtés et demeure étendu sur la dalle du sanctuaire, tandis que le chœur récite les Psaumes de la Pénitence, dans lesquels les sentiments d'humilité du Roi-Prophète semblent être l'écho de la confusion qu'éprouve le R. P. Jean en se voyant élevé à une si haute dignité.

« Le chœur invoque ensuite sur l'élu la protection de toutes les hiérarchies célestes en récitant les Litanies des Saints, et, quand l'Évêque se lève pour prononcer solennellement ces paroles ajoutées aux litanies pour la circonstance : *Ut hunc electum benedicere et sanctificare digneris*, l'assistance tout entière prononce du cœur et des lèvres cette invocation : Nous vous en conjurons, Seigneur, exaucez-nous.

« Après cette cérémonie, qui a laissé dans les cœurs une impression ineffaçable, l'Évêque prononce les prières de

la bénédiction abbatiale proprement dite
et remet à l'élu la crosse et l'anneau.
La messe continue jusqu'à l'Offertoire.
En ce moment, le R^{me} Père Jean vient se
mettre à genoux aux pieds du Pontife,
toujours accompagné de ses deux Assistants en mitre, et offre successivement
au Prélat deux cierges réunis en un seul
par un lien de soie, deux pains et deux
barils pleins de vin, recouverts, comme
les deux pains, l'un d'une feuille d'or et
l'autre d'une feuille d'argent; sur ces di-
verses offrandes, qui rappellent l'usage
des dons en nature anciennement pra-
tiqués dans l'église, on remarque les armes de Monseigneur et de l'Abbé.

« La messe se poursuit, et l'élu en récite toutes les prières en même temps que
l'Évêque, non plus à l'autel latéral, mais
à genoux sur son prie-Dieu, devant le
maître-autel; il ne prononce pas les paroles de la *consécration*. Après avoir
reçu la *paix,* il communie de la main

du Pontife, qui lui remet ensuite la mitre et les gants. En ce moment, l'Évêque semble s'effacer ; il fait asseoir le
nouvel Abbé sur son propre fauteuil
et lui donne pleine juridiction sur les
religieux de son monastère.

« L'assistance émue se lève pour con-
templer le R^{me} Père Jean dans toute la
splendeur de sa dignité, portant la mitre et la crosse, les gants brodés d'or et
l'anneau abbatial. Le sentiment d'humilité profonde qui se peint sur ses traits
redouble la sympathie de l'assistance, qui
laisse éclater ses transports d'enthousiasme et de vénération lorsque, pendant le
chant du *Te Deum* accompagné par la voix
puissante de l'orgue, le Révérendissime
Abbé traverse les rangs de la foule qui
se précipite au-devant de lui pour lui
exprimer sa respectueuse affection, en
baisant son anneau et en s'inclinant sous
ses paternelles bénédictions.

« On a pu voir alors l'ascendant irré-

sistible que la sainteté exerce sur les âmes. La foi, la reconnaissance et l'amour ont décerné à l'humble Père Jean le plus touchant et le plus magnifique triomphe.

« L'Évêque reprend sa place et il vient, avec son autorité, donner une voix au concert de louanges qui s'élève de tous les cœurs. »

Nous serions heureux de pouvoir reproduire son allocution qui a été comme le panégyrique éloquent de l'humilité et de la paternité spirituelle, si les limites nécessairement restreintes d'une brochure nous le permettaient.

Mais nous ne résistons pas au désir d'en rappeler du moins les dernières paroles :

« Mon bien vénéré Père, je sens le besoin, en finissant, de me tourner vers vous ; encore quelques heures et vous allez reprendre la route de ce bien-aimé monastère de Fontfroide dont vous êtes l'honneur et la joie, parce que vous en êtes le guide et le père. Que de fois, dans le secret de l'âme, avez-vous dit à Dieu, sous forme de prière, ces paroles de nos saints Livres : *In nidulo meo moriar*, Seigneur, qu'il me soit donné de mourir dans mon petit nid. Vous avez été exaucé. Mais, ô profondeur de la sagesse de Dieu, m'écrierai-je avec saint Paul, *o altitudo sapientiæ Dei!* voici que c'est en l'année 1889, — en cette année où l'on s'apprête à célébrer le centenaire d'une Révolution qui a détruit les monastères, abattu les cloîtres, expulsé. les moines, — c'est en l'année 1889 que vient s'attacher à notre monastère un éclat, une grandeur qui fait revivre les splendeurs du passé ; en vous voyant entrer dans son enceinte avec la mitre que j'ai placée sur votre tête et le sceptre que j'ai mis entre vos mains, la vieille abbaye de Fontfroide, suivant un beau mot de saint Jérôme, parlant de l'accueil fait par l'Église des Gaules à saint Hilaire, au retour de l'exil, vous tendra les bras pour vous embrasser, comme l'épouse embrasse un époux qui revient au foyer, chargé d'honneur, couvert de gloire : *Hilarium a prœlio revertentem Ecclesia Galliarum complexa est. Amen.* »

« Nous n'essaierons pas de peindre l'effet de ce discours ; nous dirons seulement que la voix vibrante de l'Évèque, son action pathétique et le mouvement oratoire de sa pensée ont élevé sa parole à la hauteur d'une cérémonie peut-être sans précédent dans l'antique métropole de Saint-Just.

« L'allocution épiscopale, en faisant ressortir de nouveau la souplesse de talent qui caractérise Mgr Billard, a été, de l'aveu de tous, le trait le plus saillant d'une fète dont chaque détail, d'ailleurs, a excité le plus vif intérèt.

« Sous l'impression de la parole de

l'Évêque, le cortège a regagné la sacristie, se frayant un passage à travers la foule qui se précipitait au-devant du R^me Père Jean, et se pressait autour de lui jusqu'à l'élever de terre et à le porter en triomphe.

« Après la cérémonie, les invités du Père Jean, au nombre de soixante, réunis au Petit Séminaire dans une vaste salle gracieusement décorée, prenaient part à de fraternelles agapes. Religieux, dignitaires ecclésiastiques, représentants de la noblesse du pays, hommes d'œuvres se confondaient sous les yeux de l'Évêque dans les mêmes sentiments de respect, de reconnaissance et d'amour.

« Avant de se séparer, ils ont eu le bonheur d'entendre de la bouche du Révérendissime Abbé des remerciements pleins de délicatesse et empreints de la plus touchante humilité.

« Dans l'épanchement de son âme, où chaque catégorie de convives a eu sa part, le nouvel Abbé a demandé qu'on voulût bien l'appeler simplement *le Père Jean*, nom sous lequel il a recueilli, pendant trente ans, tant de témoignages d'affection dans toute la contrée narbonnaise. Il a ensuite ajouté, avec l'accent d'une humilité sincère : « Malgré ma haute dignité, je ne serai pas au niveau des hommes qui m'entourent, mais je serai au niveau de Dieu qui aime à s'abaisser jusqu'aux plus petits. » Des applaudissements plusieurs fois répétés ont accueilli ces paroles dans lesquelles l'âme du Père Jean s'était révélée tout entière.

« Dans sa réponse, Monseigneur a remercié les Revérendissimes Abbés qui avaient bien voulu assister à l'imposante cérémonie du matin ; il a félicité les organisateurs de la fête.

« S'abandonnant ensuite à cette chaleur d'âme, à cette spontanéité de pensée et d'expression qui le distinguent, Monseigneur s'est adressé au Père Jean dont il a tracé un fidèle portrait, aux applaudissements de l'assistance. Il a rappelé que Fontfroide avait donné à l'Église un cardinal, Arnaud de Novelli, un pape, Benoît XII, et un martyr, Pierre de Castelnau. « Cardinal ou pape, le Père Jean ne voudrait pas l'être; peut-être serait-il heureux d'être martyr; mais nous prierons Dieu de ne pas exaucer son héroïque vœu et de le conserver encore longtemps à la tête de son monastère et dans notre cher diocèse, pour le bien de tant d'âmes qui marchent à sa suite dans les voies de la sainteté. »

« Ainsi s'est terminée cette magnifique solennité que les amis de Fontfroide attendaient depuis si longtemps et qui, par son caractère grandiose, a dépassé toutes les espérances.

« Après les émouvantes cérémonies que nous venons de décrire, nous devions assister le lendemain à une fête plus intime, mais non moins touchante : l'intronisation solennelle du nouvel abbé de Fontfroide.

« A neuf heures du matin, les religieux et les Révérendissimes Abbés, dont nous avons parlé dans le précédent compte rendu, venaient au-devant du Prélat pour le conduire processionnellement à travers le cloître, jusqu'à l'antique église abbatiale. Le R^me Père Marie-Jean présenta à Monseigneur la croix à baiser, l'eau bénite et l'encens.

« Un dais était là pour recevoir Sa Grandeur; le Père Abbé dut y prendre place à ses côtés, malgré sa résistance.

« Tous les religieux accompagnaient triomphalement leurs illustres visiteurs et leur bien-aimé Père.

« Un trône était préparé dans le sanctuaire. Quelque simple qu'il fût, il dut paraître encore trop beau au modeste religieux, habitué jusque-là à prendre place au milieu de ses frères, sans qu'aucune distinction extérieure le signalât aux pieux visiteurs du monastère.

« Mgr l'Évêque, assisté de MM. les Archiprêtres d'Agen et de Narbonne, prit place à la stalle dans laquelle il devait bientôt faire asseoir le nouvel abbé. Les quatre abbés se placèrent à leurs prie-Dieu en face du trône.

« Après les prières de la préparation à la messe, le R^me Père Jean est revêtu de tous les ornements pontificaux et s'avance vers l'autel. Avec quelle joie et quelle sainte fierté ses fils spirituels portent sur lui leurs regards attendris !

« Quelle émotion lorsque le Père Abbé, de sa voix encore forte, mais un peu tremblante, donne la bénédiction à la pieuse assistance !

« Mais voici le moment solennel. Monseigneur se dirige, du fond du chœur, vers le sanctuaire, prend le Révérendissime Père par la main et l'accompagne

au siège abbatial, où il l'installe en pro-
nonçant les paroles du Pontifical : « Re-
cevez le libre et plein pouvoir de gou-
verner ce monastère avec les religieux
qui l'habitent et tout ce qui, intérieure-
ment ou extérieurement, au temporel
comme au spirituel, relève de lui et lui
appartient. »

« Et avec une délicatesse de langage et
de sentiments que nous ne saurions dé-
peindre, Sa Grandeur développe briève-
ment, en l'appliquant à la cérémonie qui
s'accomplit, l'invitatoire de la fête de la
Purification : « *Ecce advenit ad tem-
plum sanctum suum Dominator Dominus : gaude et lætare Sion, occurrens
Deo tuo.* Vous voici, mon Père, dans ce
temple sacré dont vous êtes le maître et
dont je vous donne, au nom de Dieu
même, la pleine possession. Vous y pa-
raissez avec le diadème que je vous ai
mis au front et avec le sceptre que j'ai
déposé dans vos mains. Puissiez-vous,

je suis heureux de renouveler le souhait que je faisais hier, puissiez-vous y exercer longtemps votre douce et paternelle autorité !

« Et vous, Sion, famille religieuse qui avez su si bien apprécier les vertus de votre bien-aimé Père, réjouissez-vous, tressaillez d'allégresse en venant au-devant de votre Dieu. Votre Dieu, oui, il le représente, ce bon Père que la divine Providence vous donne aujourd'hui avec un accroissement de gloire et de majesté. L'éclat extérieur de sa dignité nouvelle n'éclipsera pas le rayonnement de sa bonté. Avec moi, redites le vœu de notre sainte liturgie : *Ad multos annos !* »

« Au sortir de l'église, les Révérendissimes Abbés de Sénanque, de Sainte-Marie-du-Désert, d'Aiguebelle, de Fontfroide et de Lérins (ce dernier n'ayant pas encore reçu la bénédiction abbatiale) prennent place dans le modeste réfectoire autour de Sa Grandeur. Une surprise bien agréable leur était réservée, ainsi qu'au cercle bien restreint des amis du Père Jean qui assistaient à cette fête de famille.

« Relevant avec infiniment de grâce une parole prononcée, avant la cérémonie, par le Révérendissime Abbé de Sainte-Marie-du-Désert, au sujet de la forme particulière que devait avoir le rochet des Abbés, Monseigneur s'est exprimé à peu près en ces termes : « Tout à l'heure, on accusait presque le Père Jean d'avoir quelque ambition ; son rochet avait des manches, alors que seuls les chanoines réguliers ont le droit d'en porter. J'ai vu le moment où le Père Jean, troublé, allait mander d'office son confesseur avant de monter à l'autel... Il m'appartient de lever ses scrupules, tout en demeurant rigoureusement dans les termes des lois monastiques, et le R^{me} Dom Candide ne me contredira pas. Le Père Jean est *ré-gulier*, puisqu'il est moine ; je le nomme

Chanoine d'honneur de ma cathédrale ; il devient donc *chanoine régulier*, et, par conséquent, il peut porter le rochet à manches tel qu'on le lui a offert... »

Des applaudissements prolongés ont couvert la voix du Prélat et lui ont prouvé combien il avait été bien inspiré en donnant au R^{me} P. Jean cette distinction à laquelle le diocèse entier applaudira[1]. »

1. *Semaine religieuse* de Carcassonne du 8 février 1889.

XIII.

LONGUES SOUFFRANCES.

Dieu venait d'élever son serviteur sur le Thabor : c'était pour le préparer au Calvaire. « Cher enfant, on me tue cette fois-ci ; dis au divin Maître d'avoir pitié de ton vieux père », écrivait-il le lendemain de cette touchante cérémonie à un de ses fils les plus aimés.

Le divin Maître eut pitié de son serviteur. Il ne permit pas que cette mitre, dont son humilité avait eu horreur, lui ceignît longtemps le front ; mais il la remplaça par une couronne d'épines.

Il avait toujours aimé la souffrance. Qui dira les effrayantes macérations de cet homme qui, non content de ne déjeuner jamais, de ne jamais porter à ses lèvres une goutte de vin, passa huit longues années sans boire même une goutte d'eau.

Sa santé, délabrée par des austérités que le monde ne soupçonne pas, avait même fait de sa vie une perpétuelle douleur. Je ne sais si on l'entendit jamais se plaindre. Ses religieux, émus de tant de patience, l'engageaient parfois à se ménager. « Laissez-moi donc, disait-il, immoler entièrement la bête ; j'aurais peur autrement que la bête ne me tue !...»

Pendant les trente-deux premières années de son séjour à Fontfroide, c'est-à-dire tant que son corps put le soutenir, il se levait toutes les nuits pour aller faire à genoux son chemin de croix dans la froide église ; puis avant de remonter, écrasé de lassitude, il allait poser un instant sa tête aux pieds de ce grand crucifix, que l'on commence à appeler le *Crucifix du Père Jean*.

Le lendemain, il était le premier à l'office et il donnait de sa personne dans les plus durs travaux comme le dernier de ses frères.

Un jour, cependant, durant la moisson, les pieds meurtris, les ulcères de ses jambes collés à sa robe, brûlé de soleil et de soif, exténué de fatigue, il fut contraint de se laisser aller à terre. Étendu sur les cailloux aigus de la montagne, il croisa doucement ses mains et s'écria en souriant : « Mon Dieu, je ne savais pas qu'au milieu de tant de souffrances vous cachiez tant de douceurs ! » Puis il se remit au travail avec ses frères.

Il l'aimait, du reste, ce travail de la terre, qui dérobait aux yeux des hommes les trésors de son intelligence. Voici à ce sujet une lettre écrite au lendemain de sa consécration abbatiale. On nous saura peut-être gré de la reproduire.

« N.-D. de Fontfroide, 6 mars 1889.

« MON CHER ENFANT,

« Tu dois dire qu'on m'a dépaysé, et que je ne dois plus retrouver ni mon chemin ni les amis.

« Sur le moment, il y a eu un peu de vrai. Tout cela a été si étrange pour mes goûts, pour mes idées, que je me suis vu méconnaissable, et il m'a fallu un peu de temps pour reprendre mon sillon. J'y suis. J'y trouve seulement des embarras nouveaux, de nouvelles sollicitudes. Voilà le positif des fêtes et du bruit. Passe pour cela, si je n'étais pas si vieux.

« J'étais fait pour le travail, même pour moissonner. Je crois que ce sera la note de ma réputation la plus vraie et la plus méritée, et je vois que c'est précisément celle qu'on néglige. Fiez-vous à l'opinion publique !

« Adieu, merci de ton filial souvenir. Je suis étonné d'être encore en vie, mais c'est par habitude.

« Adieu, je t'embrasse de tout mon cœur.

« F. M. JEAN. »

Déjà malade au moment de son élévation à la dignité de Vicaire général des Cisterciens, le Père Jean parvint à surmonter l'accablement de ses forces physiques pour présider plusieurs assemblées de son ordre. La maladie le ressaisit bientôt à un tel point que l'on crut sa dernière heure arrivée ; mais Dieu lui réservait un plus long martyre.

Il se remit assez pour qu'on pût le traîner encore de temps en temps sur la terrasse de l'hôtellerie où se pressaient tous les jours de nombreux visiteurs.

Un prêtre qui le vit alors pour la première fois faisait de lui ce portrait :

« C'est bien une physionomie de saint, ce bon religieux ! » Le corps brisé, la tête inclinée, la démarche presque chancelante, il se redressait parfois. Alors on pouvait admirer ses traits empreints d'une étonnante énergie qu'illuminait un regard d'ineffable douceur.

Il y avait dans cet homme deux grandes forces : son amour de Dieu, sa sincérité.

On comprenait ce que c'est qu'aimer Dieu près de lui ; « on était sous le charme divin. » On se voyait sans fard dans la limpidité de son regard et de ses paroles. D'un mot il découvrait la plaie vive, d'un mot il la sondait ; puis, sans vous condamner, il vous tendait la main en souriant. C'est à l'aide de ces deux leviers que, cloué sur son fauteuil de malade, il a trouvé encore la force de relever des milliers d'âmes et de transporter des montagnes plus pesantes que les masses qui entourent son couvent.

« A Fontfroide, j'ai compris alors, a déclaré une noble chrétienne, qu'être bien ou mal en ce monde, cela ne fait rien, et que la terre est toujours assez belle pour qu'on n'y pose que ses pieds. »

Vers cette époque, en mai 1891, parurent dans la *Semaine religieuse* de Carcassonne du 29 mai les lignes suivantes :

« Un décret consistorial, rendu exécutoire par Mgr l'Évêque, confère au R^{me} Père Marie-Jean, abbé de Fontfroide, le droit de porter la *cappa magna;* ce privilège est accordé à perpétuité aux Abbés de Fontfroide.

« Tous les amis du vénérable religieux se réjouiront avec nous de cette nouvelle marque de bienveillance qu'il reçoit de la part du Saint-Père. »

(Communication officielle de l'Évêché.)

Le saint Abbé, dans sa réponse à Mgr Billard, lui disait en le remerciant :

« La machine se traîne péniblement;
il me reste peu de vie; mais comme le
courant n'est pas interrompu, je livre le
peu qui me reste en fragments incom-
plets à ceux qui m'en demandent encore... »

Profondément touché de la délicate
attention de son Évêque, le bon Père le
remerciait avec effusion. Mais ce nouvel
honneur le laissait lui-même indifférent.

« Si tu savais, cher enfant, répondait-
il aux félicitations que lui adressait un
ami de Fontfroide, le contraste que fait
cette *cappa magna* avec la pauvre bé-
quille sur laquelle se traîne péniblement ce pauvre vieux, tu n'aurais pas le
courage de te moquer ainsi de lui.

« J'ai là en réserve cette indulgence
plénière, *in articulo mortis*, que tu m'ob-
tins du Souverain Pontife ; c'est plus
précieux pour moi que la *cappa*.

« Quand le Père François Xavier l'i-
naugurera, il t'invitera à la cérémonie.

« Tu vas donc rentrer en Espagne ; je compte bien que tu reviendras me voir avant de partir, pour que je t'embrasse une dernière fois. »

Le religieux auquel le Père Jean adressait ces lignes eut en effet la consolation de le revoir ; il obtint même la faveur de tirer la photographie du bon Père, la dernière qui nous soit restée de lui, celle que l'on préfère à toutes les autres.

Ce souvenir nous remet en mémoire une gracieuse aventure à laquelle nous devons les premières photographies du Père Jean. M. Sahuc, l'un des habitués de Fontfroide, avait rendu au monastère des services inoubliables. Le vénérable Abbé lui dit un jour : « Demandez-moi ce que vous voudrez, je ne vous le refuserai pas. » Son interlocuteur le prit au mot et lui demanda sa photographie.

Dans son humilité, jamais le Père Jean n'avait encore consenti à ce qu'on la tirât. Dès ce moment, il comprit combien il faisait plaisir et il se laissa faire en plusieurs circonstances. Pour faire plaisir à quelqu'un, que n'eût-il pas fait ! Ne le vit-on pas un jour, vers la fin de sa vie, lui qui n'avait jamais fumé, accepter une cigarette d'un groupe de jeunes gens auxquels il était tendrement attaché ? Cet acte de condescendance arracha des larmes à ceux qui en furent les témoins. Ce simple fait donne une idée de sa largeur de vues.

Cette largeur, il la portait surtout dans sa direction ; et un ecclésiastique objectant un jour à une de ses solutions l'autorité d'un moraliste :

— Ah ! mon ami, répondit-il, le bon Dieu n'a jamais étudié dans vos traités de morale. Il s'appelle la Miséricorde !

Au mois de novembre 1891 une crise terrible aggrava l'état du malade. Alors commença une longue agonie dont les médecins eux-mêmes suivaient avec stupéfaction les tortures atroces et prolongées[1].

« Pendant quatre ans il subit un vrai martyre : c'étaient des douleurs ininterrompues et une faiblesse extrème, mais sa patience était héroïque, entière sa résignation à la volonté du divin Maître. Jamais un mot de plainte, et cependant son corps était comme torturé. Il ne pouvait recevoir qu'une fois par jour, à midi, la plus insuffisante alimentation qui ne lui faisait pas moins endurer plusieurs heures de cruel malaise.

Des ulcères ajoutaient, s'il est possible, à des souffrances dont le complet exposé paraîtrait invraisemblable.

« A partir du mois de janvier 1892, il n'avait pu se coucher ni nuit ni jour.

« Seuls, la tète et le cœur étaient demeurés intacts. Il avait gardé la pleine

---

1. Les détails qui suivent sont empruntés pour la plupart à l'*Union cistercienne*, et aux *Semaines catholiques* de Carcassonne, de Toulouse et de Nimes.

possession de toutes ses facultés, la lucidité de l'intelligence, la netteté de la pensée dont on ne se lassait pas d'admirer la concision, la justesse et la profonde portée. Sa prodigieuse mémoire surprenait tous ceux qui l'approchaient.

Quelle touchante sollicitude ne cessait de l'animer envers ses amis absents, envers ceux qu'il honorait de son estime et de son affection ; il tenait à recevoir de leurs nouvelles, s'intéressait à tout ce qui les concernait, leur envoyait au milieu de ses souffrances sa bénédiction, reçue comme un don d'En-Haut. Il priait pour eux, pour son Ordre, pour l'Église et la France, offrant ses longues et poignantes douleurs afin d'obtenir la réalisation de ses vœux, les offrant à Celui qui a promis de ne pas laisser sans récompense un verre d'eau donné en son nom.

« Lorsque le médecin l'interrogeait sur son état, il répondait comme s'il se fût agi d'un autre que lui-même.

« Si intolérable que fût la souffrance, il ne laissait pas échapper une plainte. Il ne pouvait néanmoins contenir parfois un douloureux gémissement, et cette suppliante invocation : « O mon bon Maître ! vous êtes la miséricorde infinie, je le sais et tous les fidèles disent comme moi... O mon Maître ! faites un acte de miséricorde en ma faveur, et venez me chercher. » Il s'attristait d'attendre si longtemps l'accès de l'éternelle patrie ; avec quelle ardeur ne ressentait-il pas la nostalgie du ciel. « Je rends grâces à Dieu, disait-il cependant ces jours derniers à un respectueux et bien dévoué ami, de ce qu'il me laisse un corps pour souffrir et un cœur pour aimer. »

Il resta ainsi pendant quatre longues années, assis dans sa longue chaise, endurant son long martyre, en Dieu et pour Dieu, sans exhaler une plainte, comme l'une de ces âmes du purgatoire, en compagnie desquelles il priait et adorait sans cesse. Ne pouvant plus célébrer la sainte Messe depuis le 3 octobre d'il y a trois ans, il reçut chaque matin à cinq heures la sainte communion.

Quand le temps était beau, on le portait parfois sur la terrasse du cloître d'où il bénissait les pèlerins agenouillés sur la montagne. Deux ou trois de ses filles spirituelles eurent même la consolation de le voir à l'hôtellerie où on l'avait mené, mais ces faveurs étaient rares. C'est à peine si les hommes étaient admis à aller lui demander dans sa chambre un mot ou une bénédiction.

Les dernières lignes qu'il écrivit sont datées du 22 septembre 1892. Un Père jésuite avait été appelé à Fontfroide pour donner à des prêtres du diocèse les exercices spirituels. La maladie l'arrêta au moment du départ. Le Révérendissime, pris au dépourvu, fit appel à la charité de M. Roca, vicaire général de Perpignan, et le pria de donner la retraite. Le vénérable prêtre s'en défendit d'abord, puis céda aux instances du Père.

Après la retraite, tous ceux qui l'avaient suivie et celui qui l'avait donnée vinrent demander à genoux la bénédiction de l'Abbé.

Le Père Jean ne crut pas devoir cacher les sentiments de son cœur et commença le panégyrique du vicaire général.

Celui-ci ne put s'empêcher de pousser une exclamation : « Oh! mon Révérendissime, nous étions venus vous demander quelques conseils, et vous faites mon panégyrique! Si je l'avais soupçonné, je ne serais pas entré. »

Le Père Jean changea aussitôt de conversation, et, la visite terminée, prit la plume pour écrire cette sublime lettre d'excuses dont nous donnons plus loin l'autographe, et que M. Roca rencontra le lendemain en rentrant à Perpignan.

ABBAYE
DE
N.-D. DE FONTFROIDE

Cher [illegible]

Je suis tourmenté par le souvenir [illegible] des [illegible], que je [illegible] à votre [illegible], et que [illegible] de [illegible] votre délicatesse je vous en demande humblement pardon.

Je voudrais ne conserver que le souvenir du bien qui [illegible] fait, et [illegible] vous avez été l'instrument providentiel. [illegible] Ceci est une humble confidence qui n'a pas besoin de réponse parce que je ne demande qu'une [illegible] [illegible] [illegible].

Adieu [illegible], [illegible] [illegible] de ce [illegible] [illegible], qui commence à [illegible] [illegible].

f. m. jean

XIV.

LES DERNIERS JOURS.

L'année 1895 s'était écoulée presque entière sans une aggravation notable dans l'état de santé du Père Jean. Il s'occupait toujours avec la même régularité des affaires de l'abbaye et continuait à recevoir les visiteurs avec son sourire accoutumé. Il semblait même, à certaines heures, véritablement rajeuni.

On lui prodiguait du reste des soins maternels. Un saint est chose si rare qu'on voudrait le garder toujours. C'est ce qui avait porté, l'année précédente, tous les religieux de son ordre à le réélire à l'unanimité, lorsqu'après cinq ans de charge il avait manifesté le désir de se retirer des affaires comme « n'étant plus bon à rien. » Devant les instances du Chapitre général, il dut se résigner à mourir à la tête de sa Congrégation.

Il reçut, au mois d'avril dernier, la visite du Général des Trappistes.

Dom Candide, abbé de Sainte-Marie-du-Désert, ami de Fontfroide et de son Abbé, le conduisit un jour auprès du malade. Ils tombèrent tous deux à genoux devant le Père Jean, confus de voir les rôles intervertis. Lui, disait-il, pauvre petit Abbé, voir le supérieur d'un ordre à ses genoux, écoutant sa parole, ses conseils, lui demandant l'aide de ses prières pour remplir fidèlement le mandat que le bon Dieu lui confiait! Son humilité se révoltait.

Dom Sébastien buvait des yeux ce saint et saisissait la moindre nuance de ses idées. On vint à parler du bonheur de la vie religieuse. « Oh! le bonheur, fit le Père Jean, mais il est dans l'amour du divin Maître, dans la fidélité à la vocation. Oh! mon R. Père, dites à mes enfants que vous leur apportez l'esprit cistercien; qu'ils vous écoutent et qu'ils deviennent de saints religieux. »

Le général écoutait avec délices ces paroles ardentes. Il adressa à son tour quelques paroles d'encouragement au pauvre malade, lui dit combien il remerciait le bon Dieu de lui avoir ménagé la consolation de le voir, de l'entendre et d'espérer qu'il aurait une part dans ses prières... Et maintenant, mon bon Père, vous allez nous bénir, le P. Candide, qui est votre enfant de cœur, et moi aussi pour que le bon Dieu m'aide dans une tâche au-dessus de mes forces.

— « Oh! non, jamais. C'est au Père à bénir les enfants; je suis Jacob et vous êtes Isaac. J'attends la bénédiction de mon Pére. Oh! non, jamais. »

Et suppliant, il baisait la main qui serrait la sienne avec cette effusion dont il a emporté le secret.

Dom Sébastien lui dit : « Eh bien,

mon Père, pour cette fois vous serez Abraham ! Bénissez-nous et puis je vous bénirai à mon tour, puisque vous l'exigez, et la bénédiction qui n'aura pas prise sur vous me reviendra doublement fructueuse. »

Ce pieux combat cessa quand le Père Jean eut béni le général de l'ordre, qui se retira tout ému.

En sortant de cette modeste cellule où il avait vu la résignation dans le crucifiement de la douleur, Dom Sébastien ne savait comment exprimer son regret d'avoir tant attendu pour venir faire la connaissance de ce saint religieux. Nous n'oublierons jamais cette parole qu'il répétait en sortant : « J'ai vu des hommes éminents, des dignitaires, dans ma vie; aujourd'hui, le bon Dieu m'a accordé de voir un saint. » C'est le cri spontané de tous ceux qui abordaient cette âme, ce cœur qui s'identifiait avec celui du divin Maître. Ceux qui cherchent Dieu voyaient en lui le saint; les égarés trouvaient près de lui la lumière et la route, en même temps que la force de volonté et l'impulsion pour le retour vers le bien.

Un militaire, qui certes n'est pas un chrétien pratiquant, nous disait avec étonnement ces jours derniers : « Il est surprenant comme le Père Jean avait le sens pratique des choses de la vie. On conçoit que les prêtres, les religieux, les gens à la conscience troublée vinssent le voir pour s'éclairer; mais nous, laïques, qui vivons en dehors de ce monde mystique, nous étions étonnés de le voir résoudre les difficultés d'un ordre absolument opposé à celui-là. On aurait dit un homme ne s'occupant que des choses extérieures, tant il parlait avec sagesse, prudence et droiture. On était sûr de réussir en suivant la ligne qu'il traçait. » Et cette remarque a été faite par tant d'autres !

⁕⁕⁕

XV.

LA MORT.

Dès les premiers jours de novembre 1892, la maladie qui semblait enrayée depuis longtemps fit soudain de rapides progrès.

L'estomac refusait toute nourriture et le corps s'affaiblissait de plus en plus.

Le samedi 9, on donna au malade l'extrême-onction.

Le 10, un télégramme lui apportait la bénédiction apostolique demandée pour lui à Sa Sainteté Léon XIII.

Le mardi, 12, jour de sa mort, il reçut à trois heures et demie du matin la sainte communion en viatique.

Dom Candide, abbé de Sainte-Marie-du-Désert et son grand ami était accouru aux premières nouvelles de l'aggrava-

tion de son état. Il passa auprès du malade quelques heures dans la matinée.

Nous laissons maintenant la parole à
un des religieux qui l'assistèrent.

« Vers les huit heures du matin, Henri
Cambournac arriva, un peu après la sor-
tie du Père Candide qui, saluant le malade, lui parla des joies du Paradis où
étaient les saints de notre Ordre dont il
faisait l'office ce jour-là. « C'est par la
« souffrance qu'ils y sont allés, comme
« vous-même irez puisque vous souffrez.
« Dieu voit vos douleurs, supportez-les
« avec patience pour son amour. » Aucune émotion ne parut l'animer à la
pensée de la mort.

« Henri fut donc accompagné près du
Père : « Je viens, lui dit-il, vous de-
« mander votre bénédiction avant d'en-
« trer à la caserne pour faire mon année
« de service.

« Votre bénédiction me protégera,
« vous prierez pour moi, pour le soldat. »

« Notre Père eut un sourire et un regard pour cet enfant dont il aimait tant le père et le grand-père. Il lui serra la main à plusieurs reprises; et puis il essaya de lever la sienne pour le bénir. Il eut grand'peine à le faire même imparfaitement.

« Tout ému, Henri se releva de ses genoux, l'embrassa et repartit en disant : « Pauvre Père Jean! » Sa mère me dit que l'émotion l'avait rendu triste et gonflé toute la journée. C'était un adieu qu'il avait dit à un père et à un ami.

« Pour nous, l'état ne nous paraissait pas s'aggraver et ne donnait pas d'inquiétudes immédiates. La soirée sembla meilleure. M. Razouls vint prendre des nouvelles en compagnie de M. le Curé de Saint-Paul, notre paroisse. Ils ne voulaient pas monter, par discrétion. Je les introduisis pourtant et dis à mon Révérend Père : — Un vieil ami qui vient vous voir : M. Razouls et M. Mario.

« Le bon Père leva les yeux et fit signe d'approcher. On ne parlait pas. On regardait des yeux le pauvre malade. Il fit signe d'avancer encore, tendit la main à M. Razouls et à M. le Curé.

« M. Razouls se signait tout ému et allait sortir. Notre Père lui reprit la main, la serra à plusieurs reprises, et comme on se retirait, il souleva sa main comme il n'avait pas fait de la journée, fit un signe de croix et bénit affectueusement et avec un sourire ses deux amis. Quand ils étaient sur le seuil de la porte, j'entendis ces mots : « de tout mon cœur », qui accompagnaient un geste d'adieu des deux mains. Les deux visiteurs le quittèrent bien émus, en se demandant si ce n'était pas le dernier adieu.

« Il était trois heures et demie. On eût dit que Dieu amenait à ses genoux à la dernière heure les personnes qu'il avait le plus aimées et chez qui son souvenir devait rester profondément gravé.

« A quatre heures, le Père Prieur le trouva plus affaissé qu'à l'ordinaire. Au prix de quelque effort, le malade releva la tête, regarda son ami avec un doux sourire et voulut étendre la main pour le bénir; il le put seulement lorsque le Père eut mis sa tête sous la main défaillante de son Abbé agonisant. Ce fut la dernière bénédiction que, nouveau patriarche Jacob, il versa ici-bas sur la tête de son Joseph bien-aimé.

« Le vénéré malade garda jusqu'à la fin la faculté de parler; mais il évitait toute parole inutile, comme s'il eût craint de troubler le repos de sa contemplation habituelle en Dieu.

« A l'heure du coucher de la Communauté, le Père Prieur lui répéta encore ce qu'il avait coutume de lui dire chaque jour : « Baisez le divin crucifix, ce sera votre prière du soir. » Ce qu'il fit avec la plus tendre piété. A cette question :

— « Vous êtes toujours bien soumis à l'adorable volonté de Dieu sur vous ? » il répondit par des signes affirmatifs très accentués.

« Comme l'état du Révérendissime n'avait rien de plus alarmant qu'à l'ordinaire, le Père François Xavier alla prendre son repos.

« A neuf heures trois quarts, le Père Paul, chargé de veiller pendant la première moitié de la nuit, s'aperçoit que la respiration est moins forte. Il court chez le Père Prieur qui accourt aussitôt.

« Le malade, la tête inclinée sur la poitrine, a pâli et semble ne plus être de cette terre. Le pouls, néanmoins, bat encore, et le Père François peut faire les prières des agonisants. C'est au milieu de ces sublimes aspirations que l'âme du saint Père Jean prend son vol vers le ciel.

« A dix heures, quand nous arrivons, le Père Prieur nous dit : « Le sacrifice est consommé. »

« Ensemble et bien émus nous récitons le *De profundis* avec le verset *Erue animam ejus*. Puis nous commençons, le Père Prieur, le Père Jacques, le Père Paul, le Père Léon et votre serviteur, les préparatifs pour l'ensevelissement.

« Le corps fut lavé selon le rite de l'ordre et revêtu de son habit de chœur, auquel lon ajouta la croix pastorale, l'anneau et la calotte violette. L'étole fut mise pardessus.

« Une chose qui nous frappa, ce fut la blancheur des mains. Dès que le visage eut été rasé, le corps revêtu de la corde, étendu sur le lit funèbre, la figure, un peu pâle d'abord, sembla reprendre ses couleurs naturelles, les mains blanchirent de telle sorte qu'on ne les distinguait pas de la blanche coule sur laquelle on les avait jointes. On eût dit sur la physionomie un air de jeunesse que le Père avait perdu depuis longtemps. Ses traits étaient calmes et reposés.

« Cette blancheur de ses mains étonnait tout le monde; elle s'est conservée dans le cercueil. Un prêtre, frappé de ce fait, dit que le Père avait les gants de sa consécration abbatiale.

« Les couleurs du visage étaient si fraîches que M. S. P., arrivant de Montpellier et introduit auprès du cadavre, ne put s'empêcher de s'écrier en le voyant : « Mais pourquoi donc lui avez-vous peint la figure? »

« Ce remarquable état de conservation persévéra pendant les quatre jours qu'il resta exposé dans la chapelle extérieure, sans que rien vînt altérer la douceur de ses traits.

« Le Père Jean avait quatre-vingts ans et quatre mois.

« C'était le mardi, 12 novembre, à dix heures du soir, alors que l'on venait de clore la fête transférée de N.-D. du Suffrage, et commencer celle de tous les saints de l'ordre, en ce mois consacré aux âmes du Purgatoire auxquelles le bon Père fut toujours si dévoué.

« Bientôt revêtu de ses insignes pontificaux, le corps est exposé dans une chapelle ardente. »

Le mercredi matin, à peine la triste nouvelle est-elle annoncée au dehors, qu'elle se répand au loin avec la rapidité d'une traînée de poudre. Tout le monde s'émeut et les portes de l'abbaye sont bientôt assiégées par la foule demandant à voir « le saint. » Mais quelle déception pour les dames! elles ne peuvent franchir la clôture; la désolation est grande : une circonstance, heureuse pour elles, va y mettre fin.

Le soir, on annonce l'arrivée de Mgr Billard, évêque de Carcassonne, qui a toujours estimé et vénéré le Père Jean comme l'un des religieux les plus influents du Midi et comme le plus habile convertisseur d'âmes de son diocèse.

Après avoir fait sa prière auprès du

défunt, Sa Grandeur demande instamment qu'en cette circonstance unique la clôture soit levée en faveur des femmes qui, dans leur pieuse exaltation, sont capables d'enfoncer toutes les portes pour arriver jusqu'au bon Père.

Après de longues représentations, les religieux reconnaissent que, n'ayant que des vœux simples, l'évêque a le droit de lever la clôture en certaines circonstances : ils promettent donc d'ouvrir leur église aux femmes *le jour* et *à l'heure* des obsèques, et l'on décide qu'en attendant ce jour le corps sera transporté dans la chapelle extérieure, hors de la clôture, pour être plus à la portée des fidèles.

La petite cérémonie eut lieu dès le lendemain matin, jeudi, sous la présidence du R. P. dom Candide, abbé de Sainte-Marie-du-Désert. Aussitôt la chapelle fut envahie par des groupes de visiteurs et de pèlerins sans cesse renouvelés, où les membres de l'aristocratie de Narbonne coudoyaient les modestes paysans des environs. Détail touchant : on vit arriver, vers deux heures du matin, à la porte du monastère, une escouade de gens de la campagne munis de leurs lanternes. Ayant appris la funèbre nouvelle la veille très tard, ils avaient traversé à pied des chemins difficiles, par une nuit très obscure, pour arriver plus tôt auprès de leur bon Père Jean.

Tous veulent voir encore une fois celui qu'ils considèrent comme un saint, comme leur intercesseur, qui a sauvé leurs vignes du phylloxera ou les a aidés à les reconstituer, et ils viennent le prier, plutôt que prier pour lui, auprès de sa dépouille mortelle ; ils demandent à faire toucher leurs chapelets ou d'autres objets, des fleurs, des plantes, etc., qu'ils garderont ensuite chez eux comme des souvenirs protecteurs. Trois religieux sont sans cesse occupés à recevoir et à rendre ce qu'on veut présenter.

Quatre jours durant, la route de Narbonne à Fontfroide fut toute noire d'équipages, les uns riches, les autres modestes, se touchant les uns les autres, ou cherchant à se devancer pour arriver les premiers.

Dès le vendredi, les Supérieurs des Maisons de la Congrégation commencent à arriver; ils seront vite au complet. M. le chanoine Laffon, de la métropole d'Agen, le grand ami et confident du R^{me} Père Jean, est présent depuis la première heure.

Le soir de ce même jour, qui était le troisième depuis le dernier soupir, le corps du vénéré défunt, malgré son exposition à l'air humide, n'était point décomposé; il ne répandait aucune odeur désagréable, et quand on l'eut mis dans son cercueil de plomb, son visage parut plus beau qu'il ne l'avait été sur son trône funèbre. On eût dit qu'il était content de rentrer dans l'ombre et d'échapper enfin aux regards du public.

Mais il ne pouvait échapper à sa vénération. Chacun veut avoir une parcelle de ses vêtements. En un clin d'œil la partie inférieure de l'habit du bon Père se trouve littéralement déchiquetée jusqu'à la ceinture. Il y a plus. On ne tarde point à constater la disparition du drap blanc et de la gaze qui faisaient partie du lit funèbre. On pense qu'au moment où tous les regards contemplaient la fermeture du cercueil, une société de mains pieuses les aura mis en sûreté pour le compte de sa vénération privée.

Une personne réclame un morceau du dernier linge qui a servi à panser les ulcères de la jambe et qu'on le lui donne avant qu'il ne soit lavé.

XVI.

LES FUNÉRAILLES.

Nous voici au jour solennel des funérailles, le samedi 16. La nuit a été une nuit de tempête, la pluie a détrempé les chemins : le concours du peuple semble tout à fait compromis. Mais que peuvent de tels obstacles devant l'enthousiasme de ces populations du Midi, qui ont à cœur de rendre les derniers devoirs à leur bien-aimé Père Jean?

Depuis longtemps, le Père Jean fait l'objet de toutes les conversations; tout le monde exalte l'homme de bien, l'ami fidèle, le saint aimable. Toutes les classes de la société s'ébranlent à la fois, et dès six heures du matin la chapelle mortuaire se remplit de personnes pieuses dont plusieurs veulent se confesser et communier près du cercueil de celui qui fut leur directeur et leur père spirituel.

Bientôt la vaste cour d'entrée ne peut plus suffire à recevoir les voitures; elles sont obligées de stationner le long des chemins. On en compte plus de quatre cents. Quant au concours des fidèles, il eût été plus considérable si toutes les personnes avaient pu trouver à Narbonne des moyens de transport; mais dès huit heures les voitures disponibles manquaient absolument. Malgré cela, on peut sans crainte évaluer à six mille[1] le nombre de personnes présentes, chiffre considérable pour une abbaye distante de 14 kilomètres.

A neuf heures, Mgr l'Évêque, entouré du R^{me} Dom Candide, abbé de Sainte-

---

[1]. On avait d'abord porté à huit mille le nombre des personnes présentes. Les feuilles publiques ont porté de trois, quatre, cinq et six mille. Nous croyons que la somme des pèlerins ne devait pas s'écarter considérablement de ce dernier chiffre.

Marie-du-Désert; du R^{me} Dom Colomban, abbé de Lérins; d'un nombre considérable de dignitaires ecclésiastiques du diocèse et des diocèses voisins et d'une centaine de prêtres ou religieux de tous ordres, parmi lesquels on distinguait M. le chanoine Laffon, du diocèse d'Agen; M. le chanoine Le Camus; M. Masson, supérieur du Séminaire de Sommières, successeur du Père Jean, etc., etc., fait la levée du corps dans la chapelle extérieure du monastère, et le cortège se met en marche vers l'église abbatiale.

Est-il besoin de dire que la vaste église de Fontfroide se trouva insuffisante pour contenir les flots pressés des assistants ?

Les enfants qui fréquentent les catéchismes du couvent ouvrent la marche; viennent ensuite les prêtres, les religieux des divers ordres, parmi lesquels nous avons remarqué le R. P. d'Adhémar, recteur de l'école du Caousou; le

R. P. Lazare, prieur des Carmes, le R. P. Michel, capucin de Narbonne ; le R. P. Guy, gardien des Franciscains de Béziers ; les moines de Fontfroide ; quatre grands dignitaires revêtus de la chape noire ; M. Roca, vicaire général de Perpignan ; M. Cantegril, archiprêtre de Narbonne ; le R. P. Raynal, directeur de l'école de Sorèze, et le R. P. Abbé élu de Sénanque ; le R^{me} Dom Colomban, abbé mitré de Lérins, assisté par MM. Mario, curé de Saint-Paul, et Reynes, curé de Saint-Sébastien ; le R^{me} Dom Candide, abbé mitré de Sainte-Marie-du-désert, assisté par M. Carré, curé de Cuxac-d'Aude, et un religieux de Fontfroide ; Mgr l'Évêque, assisté par MM. Guilhem, secrétaire général de l'Évêché, et Valez, aumônier du Refuge ; MM. l'amiral Lamothe-Tenet ; le Dr Aussilloux, Léonce Favatier et Camp, avocat, tenaient les cordons du poële.

Le corps était porté par des religieux

de divers ordres auxquels de pieux laïques venaient en aide.

Le T. R. P. François Xavier, prieur du monastère, le neveu du vénérable défunt, et deux autres parents, accompagnés de M. de Monerie, conduisaient le deuil. Le cortège était des plus imposants. On y distinguait MM. de Lomède, marquis d'Exéa, comte de Kerowartz, marquis de Montredon, marquis de Scoraille, de la Taule, de Raymond, colonel Ancenay, capitaine Langlois, etc., etc.

Arrivé dans l'église abbatiale, le corps a été placé sur un modeste catafalque et la messe a été célébrée au fauteuil par le Rme Dom Candide, tandis que Monseigneur occupait le trône.

Après la messe, Monseigneur a pris la parole, et son allocution a vivement ému toute l'assistance. Les grandes douleurs sont muettes, et voilà pourquoi le prélat ne prétend pas faire l'éloge du vénéré défunt... D'ailleurs, il craindrait de le voir soulever le couvercle de son cercueil pour lui imposer silence... Aussi bien n'est-il pas dit dans la sainte Écriture que le silence est pour Dieu un éloge : *Silentium tibi laus*?... N'est-ce pas aussi le silence qui est le meilleur éloge qu'on puisse adresser à celui qui fut sur cette terre, théâtre de tant de défaillances, le plus dévoué, le plus ferme, et, oserai-je le dire, le plus saint des serviteurs de Dieu?...

Cependant le prélat croit entrer dans les désirs du bon Père Jean en recommandant à sa famille religieuse et à sa famille spirituelle encore plus nombreuse de garder fidèlement les conseils qu'il leur avait prodigués durant sa vie. Que chacun se souvienne de ses avis paternels; que chacun travaille à devenir saint comme lui. Ce sera la meilleure preuve de reconnaissance à lui donner et le seul moyen de le retrouver un jour dans la gloire des élus...

Quand Monseigneur eut fini de parler, les prélats prirent place autour du catafalque pour les absoutes solennelles. Elles furent données par Dom Candide, Dom Colomban, M. Roca, M. Cantegril et Mgr l'Évêque de Carcassonne.

On se rendit au cimetière par un chemin extérieur qui permit de donner à la procession un développement convenable, au chant des psaumes, à travers le peuple préoccupé de bien voir une cérémonie qui avait sa physionomie propre. Pendant qu'au cimetière les prélats chantaient les prières si touchantes du Rituel Cistercien, il faisait beau voir la foule comme suspendue au-dessus du champ des morts, le long des pentes abruptes de la montagne, d'où elle pouvait suivre, à vol d'oiseau, tous les détails de la cérémonie. L'émotion générale, en ce moment, était à son comble.

On déposa le saint corps dans un modeste caveau aussi pauvre que l'humble cellule que le Père Jean habita pendant quarante ans.

Les prélats se retirèrent, tandis que les moines récitaient les Psaumes de la Pénitence.

Les religieux abandonnent enfin à leur tour le cimetière. Aussitôt, une foule pieuse, jusque-là contenue hors de l'enceinte, se précipite par la porte entr'ouverte.

Des monceaux de fleurs furent déposés sur la tombe; mais ils étaient aussitôt enlevés par les nouveaux arrivants avides d'emporter un souvenir du Père Jean.

La chapelle extérieure où le corps avait reposé pendant trois jours avait elle-même été mise au pillage, et du catafalque il ne resta plus que la charpente.

Et maintenant le bon Père Jean, si humble pendant sa vie, repose après sa mort sous la voûte d'un modeste caveau provisoire, bâti à la hâte dans le cimetière, non loin du saint serviteur de Dieu, Mgr Claret, en attendant qu'il soit possible de placer sa dépouille vénérée dans un lieu plus honorable, réclamé par les vœux unanimes de ceux qui, témoins de sa vie sainte sur la terre, ne doutent pas de son triomphe au ciel.

Il arrive de toutes parts des centaines de lettres qui racontent les merveilles de sainteté opérées par le saint abbé. De l'ensemble de ces lettres recueillies sous la direction du R^{me} P. François Xavier, l'Élisée de cet autre Élie, on composera une vie plus étendue dont cette biographie, rédigée à la hâte, n'est que le pâle résumé.

TABLE DES MATIÈRES

	Pages.
Introduction	7
I. Premières années	11
II. Beaucaire et Sommières. — L'Étudiant et le Professeur	15
III. Sommières	21
IV. Vocation religieuse	24
V. Sénanque	30
VI. Fontfroide	34
VII. Les Moines de Fontfroide	41
VIII. Le Père Jean	50
IX. L'inondation de 1875	69
X. L'attaque des brigands	74
XI. Les dernières années	84
XII. La Bénédiction abbatiale	90
XIII. Longues souffrances	109
XIV. Les derniers jours	125
XV. La mort	130
XVI. Les funérailles	143

Toulouse, Imp. et Librairie ÉD. PRIVAT, rue des Tourneurs, 45. — 4221

EN VENTE

Le dernier portrait du R. P. JEAN

FORMATS :

Cartes de visite........................... 0f 50
Carte-Album.... .... 0 75
13ᶜ ✕ 18ᶜ................................. 1 »
18ᶜ ✕ 24ᶜ................................. 1 50

MAGNIFIQUE PORTRAIT

42ᶜ ✕ 62ᶜ

AGRANDI ET ADMIRABLEMENT RETOUCHÉ

Sans cadre, sur papier albuminé ordinaire................ 10f
— — au citrate d'argent................. 12
— — au gélatino-bromure d'argent...... 12
— — au charbon..................... 20

Avec cadre, *en sus.*

Dimensions du cadre : 66ᶜ ✕ 80ᶜ, **riche**....... *or*............. 9f

Dimensions du cadre : 70ᶜ ✕ 84ᶜ, **grand luxe.** { *or*............. 11
noir et *or*...... 11
vieux chêne..... 11

Dimensions du cadre : 74ᶜ ✕ 88ᶜ, **extra**....... { *or* 14f
argent et *or*.... 14
or et noir....... 14
vieux chêne. ... 14

Portraits sur opale et sur porcelaine, avec boîte.

Carte de visite.. 1f 50
Carte-Album... 2 50
13ᶜ ✕ 18ᶜ... 3 50
Souvenir mortuaire du R. P. Jean...................... 0f 25

Toutes les demandes de ce petit volume, des portraits, cadres et souvenir mortuaire, doivent être adressées à M. EDOUARD PRIVAT, libraire, rue des Tourneurs, 45, Toulouse, soit directement, soit par l'intermédiaire des libraires ci-dessous mentionnés.

Narbonne, Caillard, Baron.
Perpignan, Latrobe, Sᵗ-Martory.
Béziers, Lajus.
Montpellier, Calas.
Cette, Grégoire.
Carcassonne, Bonnafous.
Pézenas, Richard.

Castelnaudary, Escaffre.
Clermont-l'Hérault, Rambal.
Nîmes, Gervais-Bedot.
Limoux, Benoit-Buy.
Agen, Roche fils.
Montauban, Bousquet.

Le tout est vendu au profit de la souscription ouverte pour la construction d'une chapelle sur le tombeau du saint Abbé.